OLIVER FRITSCH
MICHAELA LANG

DAS ANTI BURNOUT BUCH

OLIVER FRITSCH
MICHAELA LANG

DAS ANTI BURNOUT BUCH

DIE WIRKSAMSTE STRATEGIE ZUR STRESSBEWÄLTIGUNG

mvgverlag

Bibliografische Information der Deutschen Nationalbibliothek
Die Deutsche Nationalbibliothek verzeichnet diese Publikation in der Deutschen Nationalbibliografie.
Detaillierte bibliografische Daten sind im Internet über http://dnb.d-nb.de abrufbar.

Für Fragen und Anregungen:
antiburnout@mvg-verlag.de

1. Auflage 2012

© 2012 by mvg Verlag, ein Imprint der Münchner Verlagsgruppe GmbH,
Nymphenburger Straße 86
D-80636 München
Tel.: 089 651285-0
Fax: 089 652096

Redaktion: Stephanie Ehrenschwendner
Umschlaggestaltung: Kristin Hoffmann, München
Illustrationen Innenteil: Fabian Schmidt
Grafiken Innenteil: © Chiemsee Denkzeuge
Umschlagabbildung: iStockphoto
Satz: HJR, Jürgen Echter, Landsberg am Lech
Druck: GGP Media GmbH, Pößneck
Printed in Germany

ISBN Print: 978-3-86882-251-9
ISBN E-Book (PDF): 978-3-86415-274-0

Weitere Infos zum Thema:
www.mvg-verlag.de
www.facebook.com/mvgverlag.de
www.twitter.com/mvgverlag

Inhalt

Michaela, Amerang

Die Kälte der Bodenfliesen kroch langsam in mir hoch. Meine Finger ertasteten die Unebenheiten der rauen Wand. Die Rufe meines Partners und sein lautes Gehämmer gegen die Tür machten mir schlagartig bewusst, wo ich mich befand. Ich hatte mich in unserer kleinen Toilette eingeschlossen und saß dort zusammengekauert in der Ecke. Ein Weinkrampf, der nicht enden wollte, schüttelte meinen geschwächten Körper. Trotz lauten Bittens und Bettelns meines Partners konnte ich nicht aufstehen – ich war mit meinen Kräften am Ende. Schließlich sah er keine andere Möglichkeit mehr, als die Tür mit Gewalt aufzubrechen. Er kam herein, hob mich hoch und trug mich zum Bett. Es dauerte noch eine ganze Weile, bis ich aufhören konnte zu schluchzen, mich beruhigte und langsam zu Sinnen kam.

In diesem Moment war mir klar, dass es so nicht weitergehen konnte wie bisher. Ich stand unmittelbar vor einem Burnout.

Viel zu viel hatte ich mir die letzten Jahre aufgebürdet. Eine gescheiterte Ehe, die Streitereien infolge der Trennung, drei Kinder, eine neue Beziehung, eine Werbefirma mitten in der Wirtschaftskrise, der schlechte gesundheitliche Zustand meines Vaters und schließlich die Ungewissheit, wie es finanziell weitergehen würde. Aber wie ich es auch drehte und wendete, ich sah keinen Ausweg. Die Krise war da und musste überstanden werden. Und natürlich wollte ich meine Kinder nicht vernachlässigen, für die ich durch meine Arbeit sowieso schon nicht genügend Zeit hatte. Auch die anderen Probleme ließen sich nicht so einfach von heute auf morgen lösen.

Konfrontiert mit dieser aussichtslosen Lage hatte ich nur noch einen sehnlichen Wunsch: dass jemand mich an die Hand nimmt und mir da heraus hilft. Ich wäre am liebsten auf einen Schlag alle Verpflichtungen und jede Verantwortung losgeworden, um mich um nichts mehr kümmern zu müssen und endlich einmal zur Ruhe zu kommen.

Ein neuer Anfang

Berlin – eineinhalb Jahre später. Glücklich, mit pochendem Herzen und strahlenden Augen nehme ich die Glückwünsche zu meiner soeben bestandenen Prüfung entgegen. Ich habe gerade eine Ausbildung zum Life-Coach und Coach für berufliche Erfolgsstrategien erfolgreich abgeschlossen und darf nun endlich das machen, wovon ich ein Leben lang insgeheim nur geträumt hatte: anderen Menschen dabei zu helfen, stressfrei zu leben, ihr seelisches Gleichgewicht zu finden und dadurch gesund zu bleiben.

Auch wenn sich das jetzt einfach anhören mag: Der Weg dahin gestaltete sich als langer Prozess. Er kostete mich viel Zeit und Geld und verlief ganz und gar nicht schmerzfrei. Bis es so weit war, musste ich viele Entscheidungen treffen, die mir zum Teil sehr schwerfielen. Aber es war der einzig richtige Weg – und ich habe es geschafft.

Damals reichte ein ganz banaler Streit mit meinem Partner, um das Fass zum Überlaufen zu bringen und mich zusammenbrechen zu lassen. An den Inhalt erinnere ich mich nicht einmal mehr. Aber das ist jetzt auch egal. Er war das auslösende Moment, durch das ich aufwachte. An Arbeit war nicht mehr zu denken. Menschen aus meinem Umfeld kamen erschrocken und besorgt auf mich zu und boten mir Unterstützung an. Aber Verantwortung wollte keiner über- oder mir abnehmen. Stattdessen gab mir jeder zu verstehen, dass ich mich selbst in diese Lage gebracht hatte. Das wollte ich natürlich gar nicht hören und war sehr enttäuscht deswegen.

Ich begann dann, mein Leben einmal quasi aus der Vogelperspektive zu betrachten und vollkommen unbeteiligt darauf zu schauen. Schließlich musste ich zugeben, dass die anderen recht hatten. Ich selbst war diejenige, die dieses System, in dem ich nun feststeckte, geschaffen hatte. Ich hatte es zugelassen, mich immer tiefer darin zu verwickeln, und nahm mir dadurch nach und nach meine ganze Bewegungsfreiheit. Es gab nur einen Weg, um da wieder herauszukommen: Ich musste mich selbst befreien. Niemand anders konnte das für mich tun.

Als Erstes erlaubte ich mir, meine Träume an die Oberfläche kommen zu lassen. Dabei spürte ich diese tiefe Sehnsucht in mir, mich beruflich noch einmal weiterzuentwickeln und zu verändern. Ich besaß weder den Mut noch die Kraft, das wirklich anzugehen, aber wie es so ist, wenn man weiß, was man eigentlich will, ergeben sich die Chancen plötzlich von selbst. Dank der Einladung eines Kunden ging ich zu einem Vortrag der Autorin Sabine Asgodom und entdeckte, dass sich mittlerweile eine ganze Branche zur Aufgabe gemacht hat, Leuten wie mir aus der Klemme zu helfen. Durch eine Verkettung glücklicher Umstände erhielt ich die Möglichkeit, kurzfristig einen frei gewordenen Platz für eine Coaching-Ausbildung bei Dr. Petra Bock in ihrer neu gegründeten Akademie in Berlin zu übernehmen.

Michaelas Erkenntnis

Während dieser Ausbildung lernte ich auch mich selbst besser kennen. Tag für Tag wurde mir bewusster, was genau mich an meine Grenzen gebracht hatte. Ich stellte überrascht fest, dass nicht jeder von den gleichen Motiven angetrieben wird und nicht jeder beispielsweise so harmoniesüchtig und perfektionistisch ist wie ich.

Das war der Moment, in dem ich erkannte, dass ich in der Vergangenheit, nur um Konflikten aus dem Weg zu gehen, oft viel zu leichtfertig Ja gesagt und mir damit mehr Aufgaben aufgebürdet hatte, als ich erledigen konnte. Auch meine Sehnsucht nach Lob trieb mich dazu, immer noch mehr zu machen. Gleichzeitig wurde mir bewusst, wohin mich das gebracht hatte, was mir wirklich wichtig war und was ich aufgeben sollte, weil es mich nur Kraft und Energie kostete.

Schließlich begriff ich, welche Glaubenssätze und Regeln aus meiner Kindheit mich immer noch blockierten, obwohl sie schon lange nicht mehr galten. Aber das Entscheidende war, zu verstehen, dass ich wie eine Mutter allen in meinem Umfeld die Verantwortung abgenommen und meine Hilfsbereitschaft völlig falsch eingesetzt hatte.

Fest entschlossen und gestärkt mit neuen Vorsätzen machte ich mich daran, diese Dinge zu ändern. In meiner Euphorie übersah ich aber vollkommen die Tatsache, dass mein Umfeld erst einmal gar nicht von meinen Veränderungswünschen begeistert war. Auch hatte ich die Rechnung ohne mein Gehirn gemacht, das mich aus alter Gewohnheit immer wieder auf meine bisherige Spur bringen wollte und sich bei der Verwirklichung meiner Pläne ständig querstellte. Trotz allem blieb ich hartnäckig und ließ ich mich nicht von meinem neuen Weg abbringen.

Oliver, Idaho/USA

Ganz so drastisch hatte ich mir meinen Abgang aus Corporate America nicht vorgestellt. Nach 12 Jahren glamouröser, European-Business-School-typischer Manager-Existenz in drei Ländern plötzlich das Aus! Angekündigt durch eine zehn Sekunden lange Nachricht auf meinem Anrufbeantworter: »*Oliver, bitte finden Sie sich übermorgen um 13 Uhr in Cubicle 4L im Gebäude 5 ein!*«

Ich dachte einen Moment nach: Gebäude 5? Das steht doch leer? Hmmm – vielleicht gibt's wieder eine Beförderung? Das Business läuft gut, gerade letzten Monat wieder eine 15-prozentige Gehaltserhöhung eingesackt ... gibt's jetzt vielleicht neue Aktienoptionen?

Gut gelaunt betrat ich das Gebäude. Inmitten der fussballplatzgroßen Halle stand ein einzelner, drei mal vier Meter großer Würfel aus Stellwänden. An jedem Ausgang Wachposten ... Seltsam!

»Aaaach Herr Fritsch! Vielen Dank für Ihr Kommen! Setzen Sie sich bitte kurz«, bat mich ein freundlicher Manager herein, den ich nur vom Sehen kannte.

»Sie haben sicher gehört, dass die letzten Quartalsergebnisse leider nicht so ausfielen, wie sie es hätten sollen. Im Rahmen der Sparmaßnahmen haben wir entschieden, Ihren Bereich ersatzlos aufzulösen. Ihr letzter Arbeitstag ist Freitag! Hier haben Sie einen Umschlag mit Ihren Arbeitspapieren und einen Scheck mit Ihrer Abfindung. Ihre angesparten Optionen auf den Kauf von Aktien, die wir Ihnen die letzten Jahre als Bonus gegeben haben, verfallen leider mit dem heutigen Tag. Bitte gehen Sie um 11:30 Uhr in die Personalabteilung, um über die Auflösung Ihrer Krankenversicherung zu sprechen.«

Ich merkte, wie meine Fußsohlen anfingen zu kitzeln, genauso, wie ich es kürzlich bei einem meiner Atlantikflüge erlebt hatte, nachdem die Boing 777 in schwere Turbulenzen kam. Panik machte sich in mir breit.

»Ach übrigens, eines hab ich vergessen: Falls Sie daran denken, sich umzubringen – sprechen sie bitte vorher mit Herrn Miller von der externen Personalberatung, der sich heute auch um die anderen 180 Entlassenen kümmern wird. Er kann Ihnen ein paar Tipps geben, wie Sie wieder auf die Beine kommen. Viel Erfolg für Ihren weiteren Weg. Es hat mich gefreut, grüßen Sie Ihre Frau!«

Genau 4 Minuten und 38 Sekunden später saß ich wieder an meinem Arbeitsplatz. Was jetzt?

Okay – erst mal zu Hause anrufen. »Hallo Schatz ... ähm, hmhm, du ... die haben mich gerade entlassen ...«

Plötzlich hatte ich einen dicken Kloß im Hals – Tränen verwässerten meinen Blick, als ich an meine Kinder dachte. Was sollte ich ihnen sagen? Dass wir dieses Jahr keine Spielsachen zu Weihnachten kaufen können? Das wir in eine kleinere Wohnung umziehen müssen? Dass Papa morgens jetzt nicht mehr ins Büro geht?

Sieben Tage später flogen zwei Jets ins World Trade Center. Die Welt blieb stehen. Das Land war gelähmt vor Angst. Niemand wusste, was als Nächstes kommen würde. Eine Woche später verlor auch meine ehemalige Studienkollegin Ulrike ihren Arbeitsplatz bei einer New Yorker Bank. Wir wurden von der gleichen Personalagentur betreut und schickten uns gegenseitig motivierende E-Mails. Niemand stellte mehr ein. Hoffnungslosigkeit machte sich breit. Die 200 Dollar Arbeitslosengeld pro Woche reichten nicht mal für die Hypothek und wurden auch nur drei Monate gezahlt. Was tun?

Olivers Erkenntnis

Erst folgte ich den 08/15-Tipps von unzähligen Ratgebern, die eine schnelle Wiederbeschäftigung versprachen: Lebenslauf optimieren. Bewerbungen schreiben und nachtelefonieren. Online-Quellen nutzen. Bewerbungsschreiben auf die Bedürfnisse der Arbeitgeber ausrichten. Persönliche Kontakte nutzen und so weiter. Doch der Erfolg war leider gleich null. Das Problem: Mein Kontaktnetzwerk und Bekanntenkreis setzte sich zu 90 Prozent aus Menschen zusammen, die in der gleichen Firma arbeiteten. Und weil es der ganzen Firma dreckig ging, konnten auch die besten Freunde nichts mehr für mich tun.

Ich spürte am eigenen Leib: Wer entlassen wird, fühlt sich erst einmal als der größte Loser! »So etwas passiert einem nicht! Da ist was faul – entweder du hast geklaut oder du bist eine Flasche.« Wer's nicht gesagt bekommt, redet es sich ein. Was folgt, ist die Flucht in die eigenen vier Wände. Reparaturarbeiten am Haus machen, Rasenmähen, Computer neu konfigurieren, ausmisten, aufräumen, putzen. Tagelang, monatelang. Und kein Schwein ruft an. Vergessen und verlassen! Und der Kontostand verringerte sich jeden Tag.

Meine notgedrungene Erkenntnis: Ich musste unsere finanziellen Ausgaben senken. In Amerika rechnete man mit einem Monat Suchzeit pro 10 000 Dollar gewünschtem Jahreseinkommen. Eine lange Durststrecke stand mir bevor. Also reduzieren: in die Bücherei statt ins Kino gehen, zu Hause kochen statt im Restaurant essen, verrauschtes Antennenfernsehen statt HD-Kabelfernsehen, Gebrauchtwagen kaufen statt Neuwagen abbezahlen.

Nie war ich dem Burnout so nahe wie in diesem Moment, meine persönliche Last noch nie so groß. Wer denkt, Arbeitslose hätten keinen Stress und ruhten sich nur auf Kosten anderer aus, täuscht sich gewaltig. Ich sah, wie die Uhr tickte und sich vier Menschen auf mich verließen. Da selbst 12 Stunden am Tag Bewerbungen schreiben keine Veränderung auslöste, wagte ich es nicht, mich auch nur eine Minute auszuruhen und nichts zu tun.

Nach und nach erkannte ich: Firmen bieten nur eine Scheinsicherheit! Wenn ich mich nicht weiter von der Gnade eines Rückrufs anderer abhängig machen und in Zukunft nicht unter einer Brücke schlafen wollte, war *jetzt* Eigeninitiative gefragt.

In einem ersten Schritt besann ich mich auf meine Stärken und fragte mich: Was habe ich in den letzten zehn Jahren gelernt und was kann ich sofort zu Geld machen? Meine Antwort: schreiben, Webseiten basteln, mein Marketingwissen anwenden und weitergeben. Perfekt! Alles, was ich brauchte, um eine kleine Marketingfirma zu gründen und auf Kundenfang zu gehen, war bereits in meinem Kopf vorhanden. Mehr verkaufen will schließlich jeder!

Dann: Raus aus dem Haus und »networken«. Eigene Visitenkarten drucken lassen, Handelskammerempfänge, Partys und Feste besuchen und den Verkaufsspruch abspulen: »Guten Tag, mein Name ist Oliver Fritsch,. Ich habe mich darauf spezialisiert, neue Produkte in den Markt einzuführen – kennen Sie nicht jemanden, der jemanden kennt, der so was braucht …?«

Nach 43 Kaltakquiseanrufen und ebenso intensivem wie anstrengendem Netzwerken: der erste Kunde. Nach drei Monaten hatte ich 70 000 Dollar an Aufträgen eingesammelt: für Seifenverkäufer und Katzenstreuvermarkter. Nicht gerade Procter & Gamble, dafür aber Umsatz und Profit. Mitnehmen!

Nachdem ich noch einige weitere Hindernisse gemeistert hatte, finanziell wieder einigermaßen Boden unter den Füßen bekam und durchatmen konnte, beschloss ich, meine traumatische Erfahrung in etwas Positives umzuwandeln. Ich wollte andere Menschen mit einem ähnlichen Schicksal unterstützen, schrieb den Berufungsratgeber *Alles anders – 15 Fragen, die Ihr Leben verändern* und gründete dazu eine Online-Community, in der sich Leser zu diesen Fragen austauschen konnten. Es brauchte mehrere Anläufe, bis ich einen Verlag fand. Aber schließlich lohnten sich meine Hartnäckigkeit und der Glaube an mich selbst. Mit diesem Schritt begann ein neuer Weg nach vorne.

Eine Amazon-Rezension bringt uns zusammen

Begleitend zu ihrer Coaching-Ausbildung war Michaela auf der Suche nach einer beruflichen Neuorientierung. Weil ein Buch ihrer Ausbilderin von einem Amazon-Rezensenten mit nur zwei Sternen bewertet worden war, las sie die Bewertung und entdeckte darin eine Empfehlung für mein Buch »Alles anders«. Kurzum: Sie kaufte das Buch und registrierte sich in der Community. Über meinen Newsletter erfuhr sie von *Alles Anders Express*, einem E-Book zum Download. Aufgrund technischer Probleme begann ein E-Mail-Austausch, der immer intensiver wurde und uns zuerst beruflich und schließlich auch privat zusammenführte.

Nach und nach lernten wir uns kennen und lieben. Wir paarten all unsere Erfahrungen und unser Wissen und es entstand – zunächst über 6000 Kilometer Entfernung – der kleine *PocketCoach® 360°*, ein Büchlein im Scheckkartenformat, das dabei hilft, Visionen zu entwickeln und Ziele zu erreichen. Danach entschlossen wir uns, unsere Firmen zu fusionieren und einen gemeinsamen Neustart von Deutschland aus zu wagen.

Wie gehen wir vor?

Weil wir im Verlauf des Buches sehr persönliche Themen ansprechen und am eigenen Leib erfahren haben, wie viel Kraft und Mut es braucht, sich ihnen zu stellen, ist es uns außerordentlich wichtig, mit unseren Lesern auf Augenhöhe zu bleiben und ihnen nah zu sein. Deshalb haben wir uns dazu entschieden, das gesamte Buch in der Du-Form zu verfassen, die wir als persönlicher und wertschätzender empfinden. Da wir dich leider nicht persönlich fragen können, haben wir uns die Erlaubnis dafür von einigen stellvertretenden Testlesern aus unserem Umfeld geholt, denen das gut gefallen hat. Wir hoffen, dass geht für dich in Ordnung.

Bei unseren Beratungen und Coaching-Sitzungen haben wir festgestellt, dass das »Sie« Distanz aufbaut und den Lösungsprozess unnötig in die Länge zieht, während das »Du« das gegenseitige Vertrauen stärkt und den Prozess beschleunigt. Dadurch lässt sich Stress einfacher und schneller abbauen.

Aus unserer Praxis heraus haben wir einen neuen Ansatz entwickelt, der das Problem Burnout nicht nur beschreibt, sondern der dich mithilfe einzigartiger Übungen dabei unterstützt, innezuhalten, zu reflektieren, dich vor einem Komplettabsturz effektiv zu schützen und deine größten Stressfelder zu bewältigen. Dabei erfährst du:

- dass du dein Leben selbst lenkst und nicht Opfer eines Systems bleiben musst, das du erschaffen hast;

- wie deine unbekannten inneren Antreiber dich zu »mental ungesundem« Verhalten bis hin zur Selbstversklavung führen können;

- wie du dein Verhalten durch unsere Anti-Burnout-Strategie steuern kannst, um dich selbst aus der Klemme zu befreien.

Die folgende Grafik gibt dir einen Überblick, wie wir unser Buch strukturiert haben.

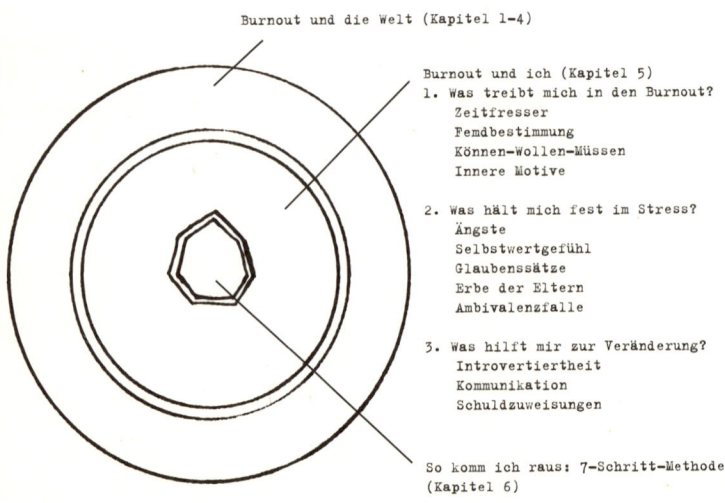

Burnout und die Welt (Kapitel 1–4)

Burnout und ich (Kapitel 5)
1. Was treibt mich in den Burnout?
   Zeitfresser
   Femdbestimmung
   Können-Wollen-Müssen
   Innere Motive

2. Was hält mich fest im Stress?
   Ängste
   Selbstwertgefühl
   Glaubenssätze
   Erbe der Eltern
   Ambivalenzfalle

3. Was hilft mir zur Veränderung?
   Introvertiertheit
   Kommunikation
   Schuldzuweisungen

So komm ich raus: 7-Schritt-Methode
(Kapitel 6)

In Kapitel 2 bis 4 beschreiben wir die Hintergründe und Ursachen für einen Burnout sowie unseren ganz speziellen Ansatz.

In Kapitel 5 bekommst du einen Werkzeugkasten mit »Denkzeugen« sowie eine Einführung zur Handhabung, um Stress zu beseitigen und in Zukunft ganz zu vermeiden. Dabei geht es darum, wie dich dein Verhalten in den Burnout treiben kann, was dich im Stress festhält und was dir hilft, etwas zu verändern.

In Kapitel 6 führen wir dich dann mit den zuvor gewonnenen Erkenntnissen in sieben Schritten zu deiner gewünschten Lösung. Mit dieser Strategie bringen wir dich vom Denken ins Tun und damit raus aus dem Stress. Du kannst sie immer wieder anwenden, sobald neue Stressthemen oder Probleme auftauchen, egal ob es sich um kleinere oder größere handelt. Für uns ist diese Strategie ein ganz wesentlicher Bestandteil, um nicht steckenzubleiben.

Da die Themen Gesundheit und Finanzen in den Augen unserer Kunden oftmals die Hauptstressfaktoren sind, behandeln wir sie zu guter Letzt in Kapitel 7 etwas ausführlicher. Speziell für diese beiden Themen haben wir eine Analyse mit vielen Tipps und Hilfestellungen entwickelt, die dir dabei helfen, ein solides Finanzpolster aufzubauen und deine Gesundheit im Griff zu behalten.

Bevor es jetzt losgeht, noch ein letzter, aber wichtiger Hinweis: Dieses Buch wie auch die Übungen können dir nur helfen, wenn du aktiv mitmachst. Dazu musst du einen Stift zur Hand nehmen, alle Übungen ehrlich beantworten (wollen) und – jetzt kommt das Wichtigste – alles schriftlich bearbeiten und fixieren. Nur durch diese Art der Visualisierung und Selbstreflexion kannst du deinen Stresszustand optimal bewältigen.

Ohne Stift keine Lösung.

Wir wünschen dir viel Erfolg dabei!

Zeitalter »Burnout«

Aus medizinischer Sicht gibt es für den Begriff »Burnout« noch keine allgemein gültige Definition. Wörtlich übersetzt bedeutet er einfach nur »ausgebrannt«. Der Zustand lässt sich als Infarkt der Seele oder als totale körperliche, geistige und emotionale Erschöpfung, der eine durch Stress ausgelöste Überlastung zugrunde liegt, recht treffend beschreiben. Die Konsequenzen eines Burnouts sind weitreichend und nicht nur für die Gesellschaft katastrophal, sondern vor allem für die Betroffenen. Jobverlust, Beziehungsprobleme, hohe finanzielle Einbußen durch Berufsunfähigkeit bis hin zu psychosomatischen Krankheiten (Migräne, Herzrhythmusstörungen, Hörsturz, Herz-Kreislauf-Erkrankungen, Magengeschwüre) können die Folge sein. Betroffene sind oft nicht in der Lage, diese Überlastung allein zu bewältigen, und brauchen Hilfe und Lösungsimpulse von außen.

Aufgebauschtes Medienphänomen oder echtes Problem?

Egal ob in Presse, Funk oder Fernsehen – überall, wo man hinschaut, scheint es nur noch dieses eine Thema Burnout zu geben, illustriert durch abgebrannte Streichhölzer, explodierende Köpfe, leiderfüllte und deprimierte Gesichter. Endlose Talkshows im Fernsehen. Interviews mit engagierten Gewerkschaftlern, leidenschaftlichen Unternehmern, klugen Sachbuchautoren und gestressten Fußballern, die sich Auszeiten nehmen müssen. Es kommt ja fast zum Burnout durch die ausufernde Burnout-Berichterstattung.

Auch verschiedene Organisationen haben das Thema aufgegriffen:

- Laut der Gewerkschaft IG Metall droht beruflicher Stress zu einer der »größten gesundheitlichen Gefahren des 21. Jahrhunderts zu werden«[1]. Daher fordert sie lautstark eine gesetzliche »Anti-Stress-Verordnung«.

- Dem statistischen Bundesamt zufolge verursachten psychische Erkrankungen 2009 Behandlungskosten von 27 Milliarden Euro pro Jahr.

- Der BKK Bundesverband beziffert die Kosten durch von Burnout verursachte Produktionsausfälle auf 26 Milliarden Euro pro Jahr.

- Die Soziologen Michael Bittman und James Mahmud Rice sprechen von der »Rushhour des Lebens«, die durch eine noch nie gekannte Zeitverdichtung entsteht, in der Berufseinstieg, Karriere und Familiengründung gleichzeitig und in einer kürzeren Zeitspanne zu bewältigen sind als früher.

Spricht man darüber mit der Generation, die nach dem Krieg Deutschland wieder aufbaute und mit lebens- und existenzbedrohenden Problemen zu kämpfen hatte, hört man nur ein überraschtes: »Damals gab's so was bei uns nicht!« »Vollkommen übertrieben!«, sagen die einen, »Luxusproblem!« die anderen.

Wie groß ist das Problem also wirklich? Tatsache ist, dass es sehr viele Menschen betrifft. Daran lassen beispielsweise die internen Suchsta-

---

[1]   http://www.welt.de/print/die_welt/wirtschaft/article13629881/Gewerkschaft-warnt-vor-Volkskrankheit-Burnout.html

tistiken von Google keinen Zweifel. Immerhin googeln im Schnitt neun Millionen Deutsche pro Monat das Wort »Stress«, 673 000 das Wort »Depression« und 368 000 das Wort »Burnout«, um Antworten zu finden. Der *Begriff* »Burnout« mag bald eher Überdruss als Neugier erwecken, das *Problem* »Burnout« wird aber sicher nicht von heute auf morgen verschwinden. Im Gegenteil.

Wer sich vorsorglich vor Burnout und dessen Folgen wie Jobverlust, Beziehungsprobleme und hohe finanzielle Einbußen durch Berufsunfähigkeit schützen will, sucht allerdings oft vergeblich nach einer Lösung. Während unserer Recherchen zum Thema Burnout stellten wir fest, dass viele diese »größte Herausforderung an die Gesellschaft und Krankenkassen« zwar gut beschreiben können, aber bislang keine wirklich nachhaltige Lösung für Betroffene anzubieten haben.

Wie findet man also einen Weg aus dem Sog und was kann man tun, um einen Absturz zu vermeiden? Eine Lücke, die wir mit diesem Buch füllen können, denn wir wissen, wovon wir reden.

Im Zweifelsfall sind es immer die anderen

Wer hat eigentlich Schuld am Burnout? Die vermeintlichen Verursacher sind schnell ausgemacht:

- Firmen zwingen Arbeitnehmer dazu, Überstunden zu machen, und erwarten ständige Erreichbarkeit über Handy und E-Mail.

- Durch Rationalisierung und Entlassungen wird mehr Arbeit auf weniger Arbeitnehmer verteilt.

- Der Arbeitsplatz ist nicht mehr sicher.

- Kollegen mobben.

- Immer weniger Menschen sind ehrlich.

- Menschen verlieren durch Vereinzelung die soziale Geborgenheit bei ihren Mitmenschen, die auch einmal Trost und gute Ratschläge geben würden.

- Fernsehen und Internet pumpen uns Tag und Nacht mit überflüssigen Informationen voll.

- Das Konsumzeitalter verführt uns zu überflüssigen Ausgaben.

- Die Bankenkrise vernichtet unsere Ersparnisse.

- Die Kredite sind zu billig und verlocken dazu, Schulden zu machen.
- Die Rente gibt nicht mehr das her, was man erwartet hat.
- Alkohol und Drogen sind zu leicht zu haben.
- Wer unter Hartz IV fällt, erhält zu wenig Geld.

Die durch Stress ausgelöste körperliche und seelische Überlastung trifft nicht nur hektische Managertypen auf der Überholspur. Nein, jeder kann davon betroffen sein. Hausfrauen (und -männer) genauso wie Lehrer, Polizisten, Arbeitslose, Pflegepersonal, Ärzte, Pfarrer, Journalisten, Köche oder zahllose andere, die – aus welchen Gründen auch immer – dauerhaft über ihre Grenzen gehen, ihren Aufgabenberg nicht mehr bewältigen können oder dauerfrustriert sind.

Burnout macht selbst vor unseren Kindern nicht Halt, denn sie werden unter anderem von der verkürzten Gymnasialzeit, überehrgeizigen Eltern und der ständigen Präsenz aller möglichen Medien massiv überfordert. Die meisten Kinder besitzen mittlerweile Handy, Internetzugang, Computer und Spielkonsolen. Und sie setzen – soweit wir das aufgrund unserer eigenen Beobachtungen einschätzen können – üblicherweise alle Geräte gleichzeitig neben dem Fernsehen und Hausaufgabenmachen ein.

Zusammenfassend könnte man also sagen: Schuld an der Burnout-Misere haben nach landläufiger Meinung immer die anderen!

Warum 08/15-Strategien bei Burnout nicht funktionieren

Wer sich die Mühe macht und in der einschlägigen Literatur nach Lösungen für sein Burnout-Problem sucht, wird ebenfalls schnell fündig. In Ratgeberbüchern beinhalten die üblichen Rezepte gegen die Volkskrankheit Tipps wie Entspannung, gesunde Lebensweise, genug Schlaf, Kontaktpflege, öfter einmal Nein sagen, Grenzen abstecken, Qigong machen, Arbeit und Freizeit trennen.

Hoffnungsfrohen Suchmaschinennutzern drängen sich Anzeigen auf, die von Kurzentren, Coaching-Organisationen, Kliniken, Vitaminverkäufern, Frührentnerversorgern und Lebensplanern geschaltet werden oder die zum Burnout-Test auffordern.

Beim Arzt bekommt man aus Budgetgründen einen warmen Händedruck und ein paar freundliche Ratschläge – etwa wieder einmal Sport zu treiben – statt der erhofften Verschreibung einer Kur. Eventuell werden auch Cholesterinsenker, Herz-Kreislauf-Medikamente gegen Bluthochdruck, Mittel gegen Magenschmerzen oder Psychopharmaka wie Antidepressiva verschrieben.[2] Beim Einsatz von Antidepressiva fluten dann Aufputscher Körper und Gehirn, denen mit sedierenden Medikamenten wieder entgegengewirkt werden muss, damit die Patienten nicht durch die Decke gehen. Dieser Prozess kann sich über Wochen hinziehen – so lange, bis die perfekte Dosis zwischen Antidepressivum und Beruhigungsmittel gefunden ist. Dazu kommen bedrohliche Nebenwirkungen wie eine statistisch erwiesene erhöhte Selbstmordrate[3], die durch Einnahme von Antidepressiva insbesondere bei Kindern und Jugendlichen auftritt.

Zu den alternative Heilmethoden, die gegen Burnout eingesetzt werden, gehören Osteopathie und Kraniosakraltherapie, bei denen der Therapeut mittels seiner Hände mit dem Gewebe des Patienten »kommuniziert«, das Zellgedächtnis im Gewebe durch die Anregung des Liquorflusses (Gehirn- und Rückenmarksflüssigkeit) aktiviert und wieder mit Muskeln und Sinnesnervenzellen in Verbindung bringt.

Die beschriebenen Heilmöglichkeiten haben sicher alle ihre Berechtigung, denn sie reduzieren die Symptome, Auswirkungen und Leiden der Gestressten. Eines tun sie jedoch nicht: Sie erzeugen kein Verständnis dafür, woher der Burnout kommt oder wie man sich vor seinen Ursachen zuverlässig und nachhaltig schützt. Auch wenn eine kurzzeitige Linderung der Symptome manchmal notwendig ist, um überhaupt wieder in Gang zu kommen und am gesellschaftlichen Leben teilnehmen zu können, ist niemand vor dem nächsten Zusammenbruch gefeit, der bereits um die Ecke lauert, wenn er abgesehen von der Behandlung der Symptome nichts unternimmt. Denn zum einen ist kaum zu erwarten, dass der wirtschaftliche Druck wie auch die beruflichen und privaten Anforderungen an jeden Einzelnen von uns nachlassen. Zum anderen ist die Zeit für eine wirksame Lösung reif, denn jeder Tag, der vergeht, ohne dass Menschen einen nachhaltigen Lösungsweg finden, ist ein verlorener Tag.

Und genau deshalb haben wir dieses Buch geschrieben, um mit unseren Denkzeugen und unserer Strategie eine ganz individuelle Lösung für dich zu finden.

---

[2] Siehe dazu: Dr. Manfred Nelting, Burnout, Mosaik, 2010.

[3] National Institute of Mental Health, NIMH; siehe auch: http://www.nimh.nih.gov/health/topics/child-and-adolescent-mental-health/antidepressant-medications-for-children-and-adolescents-information-for-parents-and-caregivers.shtml, USA, 2007.

3. DIE WAHREN GRÜNDE FÜR BURNOUT

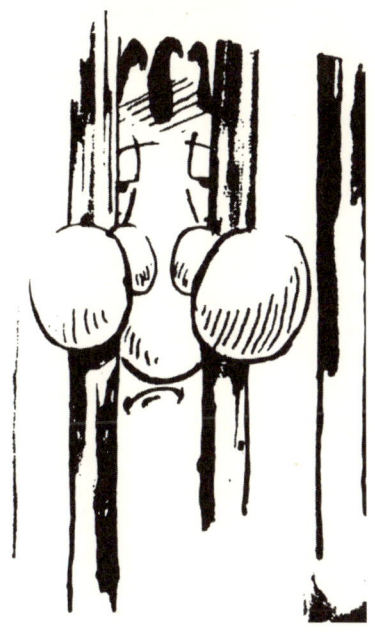

Auch wenn es leicht ist, die Schuld für Burnout bei den üblichen Verdächtigen wie Staat, Arbeitgeber, familiären Verpflichtungen oder Banken zu suchen – die Wahrheit sieht anders aus. Insgeheim ahnen wir es alle, wo die Ursachen liegen könnten, aber wir wollen es uns nicht wirklich eingestehen:

Den Stress, den wir haben, schaffen wir uns selbst.

Fast immer.

Tatsache ist, dass wir – zumindest in Westeuropa – mittlerweile in einem demokratischen System leben, das niemandem vorschreibt, mit welchem Energie- und Leistungseinsatz er seinen Tag, seine Arbeit und seine Freizeit bestreiten muss. Sklaverei und Leibeigenschaft wurden 1956 von den Vereinten Nationen offiziell abgeschafft. Und auch wenn es weltweit immer noch Fälle von Sklaverei und Zwangsarbeit gibt, herrscht in den fortschrittlichen Ländern das Prinzip der Freiheit. Niemand wird dazu gezwungen, in einem Job zu bleiben, der ihn fertigmacht und in den Burnout treibt. Im Normalfall gilt: Du bist frei und kannst dich jeden Tag aufs Neue entscheiden, was du tun willst oder nicht. Jeder Augenblick beinhaltet eine neue Chance!

Eine neue Chance,

- dich aus alten Abhängigkeiten zu befreien,
- deine Situation zu verändern,
- dich neu zu erfinden.

Du musst es nur tun!

Aber warum klingt das für viele von uns nur wie eine Phrase aus Eminems Film *8 Mile* oder wie ein nett gemeinter, leider vergeblicher Aufruf aus einem der vielen Glücksratgeber, der verspricht, man könne in 30 Minuten sein Glück finden?

Gefangen im eigenen System

Jeder Mensch lebt in einem individuellen System, das seine ganz eigene Struktur aufweist. Er steht dabei zu anderen Menschen – wie Familie, Freunden, Kollegen und Vorgesetzten – in ständig wechselnden Beziehungen mit immer neuen Abhängigkeiten und Verpflichtungen. Diese werden in der Regel im Laufe der Zeit zunehmend komplexer. Solch ein fast immer selbst aufgebautes System entwickelt nach einer Weile ein Eigenleben, das seiner eigenen Dynamik, seinen eigenen Gesetzen und seiner eigenen Wirklichkeit folgt. Im Umgang mit anderen Menschen können beispielsweise durch kleine Missverständnisse oder auch Notlügen hier und da Probleme entstanden sein, die, wenn sie längere Zeit ungelöst bleiben, zu ernsthaften Beeinträchtigungen und Störungen des Wohlbefindens führen. Je jünger du bist, desto freier und lockerer ist dieses System noch, aber je älter du wirst, desto komplizierter und enger kann das Korsett werden, das du dir – vielleicht durch unbedachte Handlungen – selbst geschnürt hast.

Abhängig werden – ohne Anstrengung

Lass einmal folgendes Beispiel vor deinem geistigen Auge ablaufen, um eine mögliche Verstrickung im System zu verdeutlichen. Versetze dich dazu bitte in die Zeit kurz nach deinem Schulabschluss. Die Welt erschien dir wie eine einzige Verheißung. Alle Türen standen dir offen. Alles erschien möglich. Du hättest Schauspieler/in werden können, erfolgreiche/r Unternehmer/in, Entdecker/in oder Forscher/in, Sternekoch/köchin oder Tänzer/in, Künstler/in oder Pilot/in. Egal ob reich oder arm – Hauptsache glücklich und zufrieden.

Dann bist du einfach nur Schritt für Schritt gegangen und eins kam zum anderen. Du hast gleich nach der Schule geheiratet und deine Schwiegereltern boten dir eine Arbeitsstelle in ihrer Firma an. Du nahmst das Angebot dankend an und die Arbeit gefiel dir. Weil alles gut lief, hast du sogar noch zwei Freunde in die Firma geholt. Zu der moralischen Verpflichtung, einen guten Job zu machen, gesellte sich im Lauf der Zeit dein Selbstwertgefühl, das dir immer Druck machte, keine Schwächen zeigen zu dürfen. Du hast jeden Tag ein bisschen mehr gegeben als deine Freunde. Schließlich warst du mit den Chefs verwandt! Irgendwann hast du eine Wohnung gekauft und deine finanziellen Verpflichtungen nahmen zu. Deine Chefs unterstützten dich dabei mit einem Privatkredit aus der Firma und du konntest gegenüber der Bank ein paar Prozent Zinsen sparen. Doch dann ging es plötzlich bergab. Einer deiner Freunde wurde gefeuert, weil er während seiner Arbeitszeit nur noch private E-Mails schrieb. Der andere Freund stieg auf und wurde plötzlich dein Chef, weil deine Schwiegereltern ihn anscheinend für geeigneter hielten als dich. Aus diesem ganzen Frust heraus hast du dich in eine Vertriebskraft verliebt, die dir in charmanter Weise eine Schulter bot, an der du dich ausheulen konntest. Leider haben deine Schwiegereltern das herausbekommen, als sie deine Telefonrechnungen kontrollierten.

Vergleiche diese Situation mit der Zeit kurz nach deinem Schulabschluss. Wahrscheinlich hast du das Gefühl, du wärst aus dem Paradies geworfen worden. Du hast als freier Mensch angefangen, hast aus Bequemlichkeit oder Lust vielleicht ein paar kleine Fehler begangen und fühlst dich nun in deinem eigenen Leben gefangen. Wie bitte kannst du da überhaupt noch etwas frei entscheiden?

Das Beruhigende ist, dass du damit nicht allein bist. Viele Menschen fühlen sich vom Leben enttäuscht und sehen sich außerstande, die Reißleine zu ziehen und das System, das sie sich selbst geschaffen haben, wieder zu verlassen. Dennoch gibt es eine ganze Menge Möglichkeiten, darauf zu reagieren. Du könntest zum Beispiel:

- die Firma beleidigt verlassen oder reumütig bleiben;

- deine Schwiegereltern verklagen oder dich bei ihnen entschuldigen;

- deinen Partner verlassen oder die Beziehung zur Vertriebskraft beenden;
- auswandern und irgendwo ein neues Leben anfangen oder das alte Leben neu beginnen;
- auf deinen Freund neidisch sein oder versuchen, dich mehr anzustrengen.

Ganz egal, für welche Variante du dich entscheidest – dein Leben danach würde für dich persönlich jedes Mal vollkommen anders aussehen:

- Entscheidest du dich dafür, in der Firma und bei deinem Partner zu bleiben und vielleicht weitere Kinder zu bekommen, kann das dein ganzes Glück bedeuten oder dich in eine tiefe Depression stürzen, weil du dich noch abhängiger und unfreier fühlst als vorher.

- Entscheidest du dich, zu gehen, kann das entweder die große Freiheit bedeuten oder dich in eine erdrückende Einsamkeit drängen. Und so weiter und so fort.

Wir stehen öfters im Leben an wichtigen Scheidewegen. Einmal handelt es sich um große Entscheidungen, die wir treffen müssen, einmal um kleine. Oft denken wir gar nicht richtig darüber nach. So formen wir unsere eigene Welt und unser System immer weiter, ohne es zu merken.

Vielleicht kennst du den Film »Und täglich grüßt das Murmeltier« mit Bill Murray. Er zeigt anhand einer wiederkehrenden Zeitschleife auf unterhaltsame Weise, wie sehr man durch verschiedene Entscheidungen am Morgen vollkommen andere Ergebnisse am Ende des Tages erzielen kann – so lange, bis man das gewünschte Happy End erreicht. Im Falle des Films wurde aus dem frustrierten, zynischen Protagonisten ein liebevoller, positiver Mensch, dem die Frau seiner Träume sogar gesteht, dass sie ihn liebt, und ihn damit aus seinem Bann befreit. Auch wenn wir nicht über so eine wunderbare Möglichkeit verfügen, wir können uns trotzdem jeden Augenblick dazu entschließen, eine neue Richtung einzuschlagen, wenn wir es wirklich wollen.

Zu bedenken ist jedoch immer, dass jede Aktion von unserer Seite auch eine Gegenreaktion nach sich ziehen wird. Jede Verhaltensänderung von uns provoziert eine Verhaltensänderung in unserem Umfeld, mit der wir dann wiederum zurechtkommen müssen. Entscheidend ist letztlich, ob wir genügend Kraft, Mut und Selbstwertgefühl besitzen, um mit den Konsequenzen unserer Handlungen oder unterlassenen Handlungen auf Dauer leben zu können und zu wollen.

Entscheidest du dich zu gehen, kann es passieren, dass du alles verlierst: dein Geld, deine Freunde, deine Kinder, deinen guten Ruf. Entscheidest du dich zu bleiben, kann es sein, dass du dich auf 20 Jahre Psychoterror, Unterdrückung und Gängelei gefasst machen musst. Es kann aber auch beides die totale Befreiung für dich bedeuten.

Viele Dinge können uns davon abhalten, solch einschneidende Schritte zu gehen und am Status quo zu rütteln. Damit halten wir uns dann selbst gefangen. Aber das muss jetzt nicht mehr sein! In den folgenden Kapiteln zeigen wir dir, wie du dich selbst genug stärken kannst, um selbstbewusst und selbstbestimmt zu leben.

Wenn du dein System ändern oder gar ausbrechen willst, brauchst du zunächst einmal:

- das unbändige Bedürfnis, deiner Unzufriedenheit, deinem Stress und deinem Leiden ein Ende zu setzen;
- die Erkenntnis, dass es grundsätzlich möglich ist, dein System zu verändern;
- die Einsicht, selbst in Aktion treten zu müssen, und die uneingeschränkte Bereitschaft dazu – niemand sonst kann das für dich tun.

Die letzte Wahl, die jeder hat

In seinem Buch ... *trotzdem Ja zum Leben sagen* beschreibt Viktor Frankl, der von einer jüdischen Beamtenfamilie abstammende Neurologe, Psychiater und Begründer der Existenzanalyse seine Beobachtungen, die er im Konzentrationslager in Auschwitz machte. 1942 wurde er dort gemeinsam mit seiner Frau interniert. Seine zentrale Erkenntnis bestand darin, dass es möglich ist, sich auch noch unter unmenschlichsten Bedingungen für oder gegen etwas zu entscheiden.

Die Inhaftierten, die nackt und gedemütigt vor den Wachen standen und deren Leben ohne jeglichen Grund und ohne Vorankündigung von einer Sekunde zur anderen ausgelöscht werden konnte, waren augenscheinlich jeder Wahlfreiheit beraubt. Dennoch blieb ihnen immer noch eine letzte Wahl: nämlich zu entscheiden, weiterleben zu wollen oder aufzugeben. Oder anders gesagt, sich für oder gegen das Leben zu entscheiden.

Frankls erstaunliche Beobachtung: Von denen, die sich für das Leben entschieden hatten, wenn auch nur innerlich und für sich selbst, überlebten mehr als von denen, die resigniert und aufgegeben hatten.

Wer fortan also denkt, dass sowieso alles aussichtslos ist, sich gefangen fühlt und glaubt, keine Wahl zu haben, sollte sich dieses Beispiel menschlicher Tragödie und Vorstellungskraft vor Augen halten, seine tatsächliche Situation neu überdenken, gegebenenfalls relativieren und seine Wahl treffen. Jeder hat die Chance, seine Lage zu verbessern.

Was sind Denkzeuge?

Bei dem Wort »Denkzeuge®« liegt nicht etwa ein Schreibfehler vor, sondern eine einfache Kombination aus den Wörtern:

Denken + Werk**zeuge**

Wir haben diesen ungewöhnlichen Namen gewählt und schützen lassen, weil wir glauben, dass er eine der notwendigsten Anforderungen an die heutige Arbeits- und Lebenswelt anschaulich illustriert: gestressten Menschen, die viel mit dem Kopf arbeiten, ein Hilfstool oder ein Werkzeug »zum effizienteren Denken« an die Hand zu geben.

Ganz konkret verpacken wir in unseren Denkzeugen wertvolle Methoden, Erkenntnisse, Konzepte und Übungen, die wir in unserer täglichen Praxis als Unternehmer, Coachs und Berater entwickelt haben und die sich zur persönlichen und beruflichen Weiterentwicklung unserer Kunden bewährten. Dabei kombinieren wir speziell entwickelte Arbeitsblätter mit anschaulichen Beispielen und ermutigen dich zum Innehalten, zur Selbstreflexion und zum Austausch mit anderen, um dein persönliches Wachstum zu steigern. Unsere Tools machen dir dein eigenes Denken bewusst, helfen dir, es anders zu strukturieren und bei Bedarf in neue Bahnen zu lenken, damit du schneller vom Denken zum Tun gelangst. Das erstrebenswerte Ziel dabei ist immer ein selbstbestimmtes Leben – ohne Burnout.

Neue Arbeits- und Lebensformen erfordern neue Tools

In den letzten Jahrzehnten hat sich die Arbeitswelt in den westlichen Industrieländern durch die Technisierung derart verändert, dass nur noch ein kleiner Teil der Menschen rein körperlich oder handwerklich tätig ist. Der Großteil der Arbeit wird heute mit dem Kopf erledigt. Die Mehrzahl der Angestellten verbringt ihre Zeit nicht mehr schraubend am Fließband oder schwitzend auf dem Acker, sondern »schaufelt« Pixel virtuell mittels Bildschirm und Tastatur quer durch das Internet über Zeitzonen und Ländergrenzen hinweg.

Am anschaulichsten lässt sich das an der Technisierung der Landwirtschaft illustrieren, von der sich viele immer noch ein romantisches und idealisiertes Bild machen. Zog der Landwirt früher allein oder mit Pferd über den Acker, um die Saat per Hand auszubringen und die Ernte mit der Sense einzuholen, so optimiert er heute mit sogenanntem datengestütztem Precision Farming seine Erträge. Der Präzisionsackerbau berücksichtigt die unterschiedliche Bodenbeschaffenheit und Ertragsfähigkeit innerhalb eines Feldes und verteilt das Saatgut, Düngemittel, Herbizide und Wasser dank geografischer Informationssysteme, GPS-Satellitennavigation, Lasertechnologie und Sensortechnik am Fahrzeug nur noch in den geringsten Mengen und teilflächenspezifisch. Dadurch lässt sich mit der geringsten Umweltbelastung und zu niedrigsten Kosten der größte Ertrag erzielen. Zusätzlich muss der Landwirt von heute allerdings das Instrumentarium der EU, der regionalen Förderprogramme und Subventionen verstehen oder etwa aufwendig Daten sammeln, um den Anforderungen des Tierseuchenschutzes zu entsprechen und den Lebensweg eines jedes Schweins, Rindes und Fisches zuverlässig und digital aufzuzeichnen.

Genauso wie die einst hauptsächlich körperliche Arbeit in der Landwirtschaft sich in ein unglaublich komplexes, kopfgesteuertes Gebilde verwandelt hat, haben sich viele andere Berufe in die gleiche Richtung verändert. Fast jeder von uns muss heute ein Vielfaches der Leistung von vor 20 Jahren erbringen und komplexere Aufgaben unter mehr Zeitdruck und mit weniger Unterstützung durch Kollegen managen. Dank des belastenden Dauerfeuers an Anforderungen und Ansprüchen aus der beruflichen und der privaten Ecke ist es kein Wunder, dass die Zahl der durch Stress ausgelösten psychischen Krankheiten mittlerweile gesellschaftsbedrohliche Formen angenommen hat. Dem wollen wir jetzt gemeinsam mit dir durch den Einsatz cleverer Denkzeuge Paroli bieten. Aber wie funktioniert das genau?

Ganz einfach: Das Geheimnis verbirgt sich hinter dem, was die Amerikaner als »actionable information« bezeichnen. Darunter verstehen wir Informationen, die nicht nur schön zu lesen sind, wie viele Artikel in Hochglanzmagazinen, sondern die man ganz konkret für sich nutzen und einsetzen kann.

Wie »Information« dein Leben retten kann

Unsere grundlegende Erkenntnis lautet, dass Informationen – wenn sie richtig ausgewählt, aufbereitet und präsentiert werden – nicht nur unsere Denkweise, sondern auch unser Verhalten nachhaltig verändern können. Bereits 1996 stellte Oliver in seinem Buch *How to Create Profitable Information Products* fest, dass es verschiedene Arten von Informationen gibt, die sich unterschiedlich auf unsere Leben auswirken. Die Skala reicht dabei von bedeutungslosen und trivialen Informationen – wie etwa ein Skandalreport über Hollywood-Schauspieler im Fernsehen – bis hin zu wichtigen und wertvollen Informationen, die unsere inneren Einstellungen und unser Leben verändern können, wie zum Beispiel ein guter Ratgeber. Selbst ein dünnes Selbsthilfebuch mit Überlebenstricks kann im Notfall eine Verhaltensänderung nach sich ziehen, die Leben rettet.

Olivers Vater rettete sich dank eines solchen »kritischen Infohäppchens« während eines Urlaubs an Spaniens Küste, als eine abfallende Meeresströmung ihn mit fast 10 Kilometern pro Stunde vom Strand aufs offene Meer zog. Mit voller Sicht auf das Getümmel am Strand, jedoch bereits außer Rufweite und der Erschöpfung nah, kämpfte er zunächst verzweifelt gegen die Strömung an. Dann jedoch erinnerte er sich an eine Broschüre, in der stand, dass solche Strömungen oft nur wenige Meter breit sind. Er musste also nur ein paar Meter seitwärts schwimmen, um dem Tod von der Schippe zu springen und sicher wieder ans

Ufer zurückzukommen. Allein die Verbreitung dieser trivialen Erkenntnis könnte vielen Schwimmern alljährlich das Leben retten.

Schon mal einen fetten Frosch geschluckt?

Ein anderes Beispiel für solch ein verhaltensänderndes »Infohäppchen« ist das folgende amerikanische Sprichwort:

> »If you have to eat a frog, don't spend a lot of time looking at it.
> If you have to eat more than one, eat the big one first.«
>
> (»Wenn du einen Frosch essen musst, schau ihn nicht erst lange an. Wenn du mehr als einen essen musst, iss den dicksten zuerst.«)

Im übertragenen Sinn heißt das, dass wir nur unnötig Stress erleiden, wenn wir die großen, wichtigen, aber anstrengenden Aufgaben dauernd vor uns herschieben und uns immer nur auf die kleinen, unwichtigen stürzen. Denn dann bleiben die wesentlichen Dinge ungelöst. Und das stresst uns.

Seit wir diesen Spruch unserem Freund, einem bekannten Cutter für Film und Fernsehen aus München, mit auf den Weg gegeben haben, verläuft sein Leben um einiges angenehmer. Auf seinem Schreibtisch starrten ihn unentwegt scheußlich graue und gelbe Kuverts an, die hohe Bußgeldstrafen oder gar Führerscheinentzug vermuten ließen, weil er jede Woche mit überhöhter Geschwindigkeit zu seiner heiß geliebten Freundin in den Schwarzwald gefahren war. Statt sich weiter von den Gedanken an eine hohe Strafe oder der Furcht vor einem Fahrverbot terrorisieren zu lassen, öffnete er sie schließlich und erledigte alles Notwendige. Im Nachhinein stellte sich heraus, dass seine Angst vor dem Ungewissen ihn mehr stresste als das, worum es dann tatsächlich ging. Seither erledigt er die unangenehmen und großen Dinge immer zuerst.

Selbst eine Information, die in Form eines einfachen, wenn auch englischen Sprichworts daherkommt, kann also große Wirkung haben.

Weniger ist manchmal mehr

Der Wert von Informationen wird aber nicht nur durch den Inhalt an sich bestimmt, sondern davon:

- wie leicht man darauf Zugriff hat
- und wie viel davon man erhält.

Vor 500 Jahren hatte nur eine privilegierte Klasse von Priestern und Gelehrten Zugang zu den wenigen gedruckten Schriften aus Gutenbergs Druckpresse und hielt damit Normalsterbliche auf respektvollem Abstand.

Kurioserweise stießen wir neulich beim Ausmisten auf 30 Jahre alte Perry-Rhodan-Hefte, in denen Anzeigen gegen viel Geld die Zusendung des perfekten Lottosystems, der »Geheimschriften der Rosenkreuzer« und anderer mystischer Erfolgsgeheimnisse versprachen. Wir erinnern uns genau, welche magische Anziehungskraft diese gut formulierten Anzeigen auf uns Teenager damals hatten. Als wir die gleichen Anzeigentexte nun unseren eigenen heranwachsenden Kindern präsentierten, ernteten wir nur ein müdes Gähnen. »Alles Quatsch, wer fällt denn auf so was rein?«, lautete die ernüchternde Reaktion.

Dank Internet, Google & Co. liegt der Engpass heutzutage also nicht mehr beim Zugriff auf wertvolle Informationen, sondern bei der kunstvollen Auswahl und der cleveren Informationsreduktion. Der frühere Google-Chef Eric Schmidt sagte einmal, dass von Beginn der Zivilisation an bis zum Jahr 2003 etwa fünf Exabyte Information produziert wurden. So viel Information entsteht heute alle zwei Tage. Und die Geschwindigkeit nimmt weiter zu. Jan Füchtjohann äußert sich dazu in der *Süddeutschen Zeitung*: »Immer mehr Menschen schreiben immer mehr Texte, die immer weniger Menschen lesen wollen. Und wenn dann doch mal einer gelesen wird, dann selten mit großem Aufwand, Geschick und Bildung. Sondern eher flüchtig, desinteressiert, widerwillig und auf der Suche nach einer schnellen Pointe.«[4]

Unsere Aufgabe bei der Entwicklung der Denkzeuge sehen wir daher darin, aus der unendlichen, nur teilweise nützlichen Menge an Informationen diejenigen herauszupicken, die dich wirklich weiterbringen und in deinem Wachstum unterstützen können. Wir entwickeln damit eigene, einfach verständliche und anwendbare Tools und bereiten Konzepte und Methoden so auf, dass du sie direkt umsetzen kannst.

---

[4] Jan Füchtjohann, *Ein mürrischer, verschlagen blickender Verdächtiger*, in: Süddeutsche Zeitung, Ausgabe208, 9. September 2011.

Die Gefahr, im Denken stecken zu bleiben

Durch die leichte Verfügbarkeit von Informationen passiert es leider sehr schnell, dass man vor lauter Konsumieren das Handeln vernachlässigt und im Denken hängen bleibt. Daher kommt es auch darauf an, *wie* man denkt. Wir können uns stunden- oder tagelang Gedanken machen, egal ob es dabei um ein Problem geht, das uns beschäftigt, oder darum, was wir erreichen wollen. Wir bejammern das Problem rauf und runter, kommen aber kein Stückchen weiter – im Gegenteil: Es wird alles nur noch wirrer, die Gedanken drehen sich im Kreis und man hat das Gefühl, einen Bienenstock im Kopf zu haben. Nur die wenigsten von uns gehen beim Denken strukturiert vor oder bringen die Gedanken einmal zu Papier. Der entscheidende Schritt ist also, die Gedanken schriftlich und exakt zu fixieren, auf den Punkt zu bringen und dann zu reflektieren.

So konnte eine von Michaelas Nichten beispielsweise ein lästiges Problem mit ihrem Exfreund lösen. Indem sie unseren Stressradar (Kapitel 6) nutzte, wurde ihr zunächst bewusst, dass sie nicht generell niedergeschlagen war, sondern es nur das Thema Partnerschaft war, das sie stresste. Die ständigen Anrufe und Facebook-Posts ihres Exfreundes ließen ihr Leben aus den Fugen geraten. Als sie dann das Analyse- und Aktionsblatt (ebenfalls Kapitel 6) zur Hand nahm und die entsprechenden Felder ausfüllte (»*Was* ist das Problem?«, »*Wer* ist involviert?«, »*Wen* kann ich dabei um Hilfe bitten?« und »*Wann* werde ich die Lösung angehen?«), wurden ihr die nächsten logischen Schritte klar. Bereits nach kurzer Zeit hatte sie das Problem durch eigene festgelegte Aktionen zu ihrer Zufriedenheit gelöst.

Schwierigere Probleme lassen sich im echten Leben eben oft nur durch das gezielte Ein- oder Umsetzen von Informationen beheben. Denn nur weil ich etwas gelesen und verstanden habe, hat sich in meinem Leben noch lange nichts verändert oder verbessert. Ich muss noch etwas dafür tun.

5. BURNOUT UND ICH – 12 DENKZEUGE ALS BASIS DER STRESSBEWÄLTIGUNG

Nun machen wir uns gemeinsam daran, deine ganz persönlichen Stressfelder aufzuspüren und deinen Stress zu bewältigen.

In diesem Kapitel bekommst du unseren kompletten Analyse-, Handlungs- und Werkzeugkasten an die Hand, der dich auf dem Weg zum selbstbestimmten Leben hoffentlich lange begleiten wird. Die Erkenntnisse, die du beim Bearbeiten der folgenden 12 Denkzeuge gewinnst, bilden die Basis für unsere »wirksamste Strategie«, die wir dir in Kapitel 6 vorstellen. Die folgenden Denkzeuge werden dir dabei helfen, deine

- Interessen und Lebensmotive,
- Gedanken und Glaubenssätze,
- Ängste und Hoffnungen,
- Lebensaufgaben und Lebensziele,
- Stressfaktoren und Blockaden

zu verstehen.

Du lernst dich durch Selbstreflexion besser kennen und kannst dein dir innewohnendes Potenzial voll entfalten. Denn nur wenn du dir, wie in Kapitel 3 beschrieben, über dich selbst *bewusst* bist, kannst du auch

- deine Ängste und Blockaden auflösen,
- das, was *du* willst, in deinen Lebensplan integrieren,
- äußeren Einflüssen trotzen,
- Vergangenes, das keine Gültigkeit mehr hat, loslassen,
- achtsamer mit dir und deiner Gesundheit umgehen.

Wir haben die 12 Denkzeuge, wie bereits am Anfang beschrieben, in drei große Bereiche eingeordnet:

Was dich in den Burnout treibt

Was dich im Stress festhält

Was dir hilft, es zu verändern

Auch uns haben diese Denkzeuge sehr dabei geholfen, uns besser kennenzulernen und unseren Stress besser zu bewältigen und nicht mehr an uns heranzulassen.
Also – keine Angst, los geht's!

Wichtiger Hinweis zu den Übungen

Bei unseren Übungen handelt es sich *nicht* um eine Art Test oder Prüfung, bei der man entweder gut oder schlecht abschneiden kann.

Es ist wichtig, dass du deine Antworten spontan und ehrlich gibst, so wie sie dir in den Kopf kommen oder wie du sie fühlst, und sie *ohne Ausnahme* schriftlich fixierst.

Du kannst dabei nichts verbessern oder verschlechtern. Keine der Übungen »bewertet« dich oder gibt dir in irgendeiner Art und Weise Schulnoten. Jede Übung hält dir den Spiegel vor, zeigt dir, wo du in diesem Moment – *und nur in diesem Moment* – gerade stehst und hilft dir dabei, dein Leben besser und stressfreier zu führen. Die Antworten in irgendeine Richtung manipulieren zu wollen würde dir nichts bringen. Du würdest dich bloß selbst betrügen.

Wenn du etwas über dich erfährst, was deiner Ansicht nach nicht wünschenswert ist, dann verschließe nicht die Augen davor, sondern betrachte das als Chance, es zu verändern. Diese Möglichkeit steht dir nämlich jederzeit offen. Denn nichts, was man in irgendeinem Selbsttest jemals über sich erfährt, muss für immer Gültigkeit haben. Unser Selbstbild und Selbstverständnis unterliegen fortwährenden Veränderungen und Entwicklungen und das ist auch gut so. Nur so können wir weiter wachsen.

Was treibt mich in den Burnout?
Mit Persönlichkeitsanalyse

Wie du auf den ersten Seiten unschwer erkennen konntest, sind wir der Meinung, dass hauptsächlich *wir selbst* für unseren Stress verantwortlich sind und auch nur *wir selbst* etwas dagegen tun können.

Wir wollen aber diese Tatsache nicht einfach so stehen lassen, sondern nachfolgend herausarbeiten, mit welchen Faktoren wir uns in diese Lage bringen. Dazu schauen wir uns zunächst deinen Tagesablauf an und eruieren, wie du deinen Tag verbringst und mit welchen Tätigkeiten du ihn vollpackst. Wir arbeiten heraus,

- was davon vergeudete Zeit ist,
- wie viel Zeit fremdbestimmt ist,
- was davon du wirklich machen musst und
- wo du dir wieder Zeit freischaufeln kannst.

Danach analysieren wir mittels eines Persönlichkeitsfragebogens, was dein Verhalten und deine inneren Motive damit zu tun haben.

DENKZEUG #1:
ZEITFRESSER – WENN AM ENDES DES TAGES DIE 24 STUNDEN NICHT AUS-REICHEN

WORUM GEHT'S?

Zeitmangel ist ein immer wiederkehrender Stressfaktor. Zu wenig Zeit zu haben, um seine Arbeit gut zu machen, wirkt sich genauso verhee-rend aus, wie zu wenig Zeit zum Schlafen zur Verfügung zu haben. Das alte Zeitmanagement, bei dem es nur darum ging, so effektiv wie mög-lich zu arbeiten, hat ausgedient. Jetzt müssen wir anders vorgehen.

ZIEL DES DENKZEUGS

Stress durch Zeitmangel zu besiegen. Herauszufinden, welches deine Zeitfresser sind und wo Zeitsparpotenziale liegen. Freie Zeit für dich zu gewinnen und sie dann so einzusetzen, dass sie dir zu Lebensfreu-de *und* Produktivität verhilft.

ZEITFRESSERN KEINE CHANCE LASSEN

Der clevere Umgang mit Zeit ist sicherlich eine der wesentlichen Strategien, um Burnout zu vermeiden. Wir sind immer wieder von der Tatsache fasziniert, dass der Tag von Leistungsträgern wie etwa US-Präsident Obama oder Bill Gates auch nur 24 Stunden hat. Wie schaffen die einen das nur, in der gleichen Zeit so viel zu erreichen, so weit zu kommen und anscheinend gar nicht gestresst zu sein, und andere nicht? Neben allen möglichen Faktoren spielen der bewusste Umgang mit Zeit und die Konzentration auf das Wesentliche sicherlich eine wichtige Rolle.

Gerade wenn man jung ist, scheint das Zeitbudget noch unendlich groß zu sein. Dennoch ist es im Durchschnitt pro Mensch auf ca. 30 000 Tage oder 83 Jahre begrenzt. Das stellt allerdings eine optimistische Rechnung dar, denn ein gutes Viertel dieser Zeit verschlafen wir im wahrsten Sinne des Wortes. Von der Zeit, die wir an roten Ampeln, in Warteschlangen oder auf der Toilette verbringen, wollen wir hier gar nicht erst reden. Darüber hinaus kann man sich keine Extrazeit mehr kaufen, leihen oder stehlen. Jeder Tag zählt also, insbesondere wenn du große Pläne hast. Aber wie setzt du dein begrenztes Zeitbudget optimal ein?

Bei diesem Thema möchten wir nicht allzu weit ausschweifen und bringen daher auf den Punkt, woran es unserer Meinung nach meistens hapert, wenn jemand sich durch Zeitknappheit gestresst fühlt:

1. Schlechte Organisation des Schreibtisches und der Arbeitsmittel, nach dem Motto: »Wer Ordnung hält, ist bloß zu faul zum Suchen.«

2. Die Unfähigkeit, Nein zu sagen und klare Grenzen zu ziehen. Das kommt nur vor, wenn du zulässt, dass andere Menschen (Mitarbeiter, Chefs, Kunden, Lieferanten) dich fremdbestimmen, dir die Hucke vollquatschen, deine Zeit stehlen, sodass du deine anliegenden Arbeiten nicht mehr erledigen kannst.

3. Eine unproduktive Arbeitsphilosophie, die zunächst von langen Ruhephasen dank »Aufschieberitis« geprägt ist und danach in wilde Hektik umschwenkt, weil alle noch zu erledigenden Arbeiten auf den letzten Drücker gemacht werden müssen, um Termine einzuhalten.

4. Schlechte Organisation der Prioritäten, bei der das Dringende und Unwichtige vor dem Wichtigen Vorrang hat (siehe dazu auch Kapitel 4, »Schon mal einen fetten Frosch geschluckt?«).

5. Nichts verpassen wollen, sich selbst nicht beschränken und stattdessen alles »mitnehmen«, was geht. Auf gut Deutsch, »auf zu vielen Hochzeiten tanzen wollen«.

6. Sich unbewusst von den eigenen inneren Motiven dazu verleiten lassen, sie extrem auszuleben. Besonders gefährdete Kandidaten: sehr hilfsbereite Menschen (»Lass mal, ich mach' das schon«), Gesellige (»Freitag ist wieder Stammtisch, danach Kegeln, danach Gemeinderatssitzung«) und Menschen mit einem erhöhten Bedarf an körperlicher Aktivität (»Dienstagabend würde ich gerne noch 80 Kilometer Rad fahren, Donnerstag ist Tennis und Sonntagmorgen gehe ich vor dem Golfturnier noch zum Lauftreff«).

WO LÄUFT MEINE ZEIT HIN?

Ein Ziel des Denkzeugs »Zeitfresser« besteht darin, herauszufinden, wo deine Zeitsparpotenziale liegen. Wenn du wie wir in den 1980er-Jahren diverse Zeitmanagementsysteme durchlitten hast, weißt du bestens, dass die Verplanung jeder Minute alles andere als Freude bereitet. Uns geht es deshalb darum, Verhaltensmuster aufzudecken, die sich bei dir eingeschlichen haben und durch die du Zeit verlierst beziehungsweise *vergeudest*. Vergeudete Zeit ist für uns Zeit, die *weder* produktiv eingesetzt ist *noch* Freude bereitet. Als klassisches Beispiel dafür dient die Zeit, die man ungenutzt vor dem geöffneten E-Mail-Eingangsfach verbringt, während man darauf wartet, dass eine Nachricht hereinkommt, oder E-Mails auf Wichtigkeit prüft, in denen man nur in »cc« gesetzt wurde. Auch die Zeit, die man beim Einstellen, Instandhalten oder Reparieren elektronischer Geräte verbrät, gehört dazu. Wer ständig von Programmen dazu aufgefordert wird, Software-Updates zu installieren, weiß, wovon wir reden. Problematisch ist auch, einen Job in einer weiter entfernten Stadt anzunehmen, weil man dort zwei, drei Euro mehr pro Stunde verdient, dafür aber jeden Tag zwei Stunden auf dem Weg zur und von der Arbeit im Auto verbringen muss.

Darüber hinaus zielen wir an dieser Stelle darauf ab, Fehler aufzudecken, die du wiederholt begehst. Vielleicht schätzt du manchmal deine Fähigkeit falsch ein, eine Arbeit termingerecht abzuliefern, weil du immer bis zur letzten Minute mit der Fertigstellung wartest. Und dann kommt kurz vor Schluss meist noch alles Mögliche dazwischen. Das verursacht sicher Stress, den du vermeiden kannst. Suche nach wiederkehrenden Mustern in deinem Verhalten, durch die du dich selbst sabotierst und die dich stets aufs Neue stressen. Frag dich: »In welche Fallen tappe ich immer wieder?«

MEINE ZEITFRESSER

Zeichne in die 24-Stunden-Uhr ein, wie du im Schnitt deine Zeit verbringst. Trage ein: Schlafenszeit, Essenszubereitung und -konsum, Arbeitszeit (eventuell grob segmentiert nach der Zeit, die du mit anderen verbringst, die du allein verbringst oder die du in der Cloud im Internet verbringst), Freizeit, Gartenarbeit, Sport, Medienkonsum, PC-Spiele ...

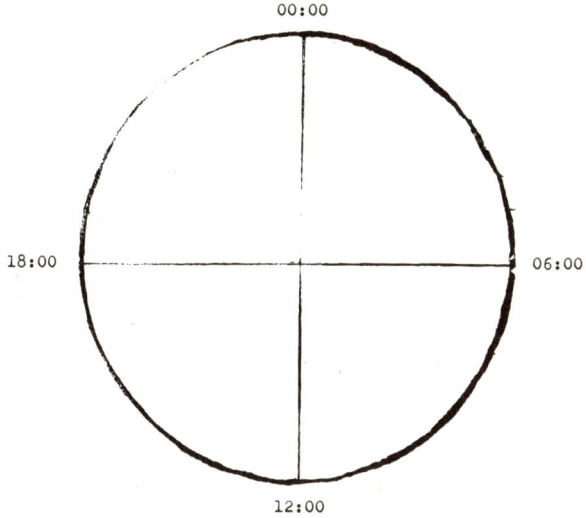

- Schraffiere in einer Farbe die Zeiten, in denen du produktiv und glücklich bist.

- Schraffiere in einer anderen Farbe die Zeiten, in denen du unproduktiv und/oder unglücklich bist.

- Hebe zusätzlich Kontakte mit anderen Menschen, die dir guttun, durch Sternchen hervor.

- Schau dir dein Bild an und frag dich:

Welcher prozentuale Anteil meiner Zeit ist *produktiv* genutzt?

_____ %

Welchen prozentualen Anteil meiner Zeit verbringe ich *glücklich*?

_____ %

Welchen prozentualen Anteil meiner Zeit verbringe ich *unproduktiv* und/oder *unglücklich*?

_____ %

Welcher prozentuale Anteil davon ist *vertrödelt* (macht mir weder Spaß noch bringt es mich irgendwie weiter)?

_____ %

Welche Dinge sind es konkret, die mich immer wieder locken und ablenken und über die ich mich hinterher ärgere (Surfen im Internet, Fernsehen ...)?

_____

_____

Bei welchen Tätigkeiten verzettle ich mich und wo läuft mir schnell die Zeit davon?

_____

_____

Welche *Menschen* stehlen mir meine Zeit? Und ich lasse sie trotzdem immer gewähren? Namen:

_____

_____

Vorsatz

Welche zeitraubenden Aktivitäten werde ich wie aus meinem All-tag verbannen?

_____

_____

Wie kann ich mir ein Arbeitsumfeld schaffen, in dem ich produktiv sein und Stress eliminieren kann?

_____

_____

Was muss ich ändern, damit mein Privatleben mir Kraft verleiht und nicht zusätzlich Energie raubt?

_____

_____

Zum Schluss noch etwas Philosophisches zum Reflektieren und Nachdenken. Vielleicht kennst du diesen Spruch:

»Lebe jeden Tag, als wäre es dein letzter!«

Die Idee dahinter ist trivial: Verplempere deine Zeit nicht unnötig, nimm dir heute nichts vor, um es erst morgen umzusetzen, weil das Morgen vielleicht nicht kommt. Carpe diem. Pack dein Leben an und genieße es!

Nun ja ...

Den Spruch fanden wir früher auch einmal ganz gut – bis zu dem Tag, an dem wir das Interview mit einer Mutter und ihrer sterbenskranken Tochter lasen, die nur noch wenige Monate zu leben hatte. Auf die Frage, ob sie denn nach diesem Motto lebten, um die verbleibende gemeinsame Zeit optimal zu nutzen, antwortete sie: »Nein! Ganz und gar nicht. Wir stellen uns vor, wir leben für immer und haben endlos viel Zeit. Denn nur so können wir wirklich entspannt und ruhig sein, unsere Seele baumeln lassen und die Zeit ohne Druck und Stress genießen.«

Denk einmal darüber nach! Wie sähe dein Leben aus, wenn Zeit keine Rolle spielen würde und du ewig leben dürftest? Hättest du dann weniger Stress?

DENKZEUG #2:
FREMDBESTIMMUNG – LIEBER SELBST DAS STEUER IN DIE HAND NEHMEN

WORUM GEHT'S?

Es gibt Menschen, die uns hin- und herschubsen, uns zum Spielball ihrer Kräfte machen und uns ihre Prioritäten aufzwingen. Wenn wir uns das gefallen lassen, liefern wir uns ihnen aus und können kein selbstbestimmtes Leben führen. Ebenso lassen wir uns durch Abhängigkeiten fremdbestimmen. Wer diese Abhängigkeiten nicht kontrolliert und darauf bedacht ist, sein eigenes Leben zu leben, setzt sich selbst großem Druck und Stress aus.

ZIEL DES DENKZEUGS

Sich dessen bewusst zu werden, wie viel deiner Zeit fremdbestimmt ist, und die Kontrolle über dein Leben wieder zurückzuerlangen.

KEINE MACHT DER FREMDBESTIMMUNG

Fremdbestimmung liegt normalerweise dann vor, wenn wir uns von jemandem sagen lassen *müssen,* »was zu tun ist«, weil dieser Jemand in irgendeiner Weise Macht über uns besitzt.

Eine solche Situation existiert in so gut wie jedem hierarchischen System, in dem eine Person (oder Gruppe) *eine Stufe höher steht* als die untergebene Person, also beispielsweise

- der Chef über dem Angestellten,
- der Wähler über dem Politiker.

In einigen Beziehungskonstellationen lässt sich die Fessel der Fremdbestimmung vonseiten des Unterlegenen nicht ohne Weiteres lösen, etwa Kind – Eltern, Gefangener – Wärter oder psychisch Kranker in einer geschlossenen Anstalt – Arzt.

Aber wie sieht es in allen anderen Fällen aus? Da die Sklaverei längst abgeschafft wurde, kann ja theoretisch jeder tun, lassen und entscheiden, was er will. Zumindest haben wir das im dritten Kapitel festgestellt. Oder nicht?

Weit gefehlt!

Wir behaupten, dass jeder auf die eine oder andere Weise fremdbestimmt ist.

WIE ÄUSSERT SICH FREMDBESTIMMUNG BEI VORGESETZTEN UND SELBSTSTÄNDIGEN?

Kurioserweise denken gerade die Leute, die in Machtpositionen weit *über* den anderen stehen, dass sie am *allerwenigsten* frei entscheiden können, was zu tun ist. Glasklar wurde uns das, als wir ein Interview mit John Browne sahen, dem ehemaligen CEO des Ölkonzerns BP, den er bis 2007 leitete.

Ironischerweise wurde er zwei Jahre vor der Umweltkatastrophe im Golf von Mexiko gefragt, warum er seinen Konzern nicht einfach auf alternative Energiegewinnung (Sonnen-, Wind-, Wellenkraftwerke) umstelle, um sich vom dreckigen und gefährlichen Ölgeschäft zu verabschieden. Obwohl seine Aufgabe darin bestand, eine Firma mit 80 000 Angestellten und 300 Milliarden US-Dollar Umsatz zu führen und alle Entscheidungen zu treffen, behauptete er steif und fest, dass ihm die Hände gebunden seien und er nichts anderes tun könne, als einfach fortzusetzen, was organisch gewachsen war. Zum einen gab es den Aufsichtsrat, dessen Erwartungen er erfüllen musste, und zum anderen die Aktienbesitzer, die ausschließlich interessierte, dass sie für ihr eingesetztes Kapital eine gute Rendite erhielten. Und die Aktienbesitzer, die maßgeblich etwas zu sagen haben, sind Großbanken, deren Geld von uns stammt.

Das bedeutet, dass nicht etwa der Chef von BP dafür verantwortlich gemacht werden kann, dass das Meer genau zwei Jahre später durch Schlamperei verseucht wurde, sondern jeder Einzelne von uns, der sein Geld bei einer Bank angelegt hat, die BP-Aktien kaufte und deren Interessen von einem Aufsichtsrat vertreten werden, der dem BP-Chef Vorgaben machte. Was wiederum dazu führte, dass dieser seinen Angestellten sagte, was sie zu tun hätten, sodass sie durch unrealistische Produktivitätsvorgaben in Stress gerieten und Fehler machten, durch die das Meer verseucht wurde, an dem sie eigentlich Urlaub machen wollten – von den Zinsen, die sie durch ihre Aktienanlage bei BP verdient haben.

Sogar Selbstständige, die sich ihre Arbeitszeit theoretisch frei einteilen und ihre Kunden aussuchen können, werden fremdbestimmt. Sicherlich kann unsere fleißige Lektorin ein Lied davon singen. Denn sie wurde von uns fremdbestimmt, weil sie unsere Texte an Wochenenden und spät nachts von Fehlern befreien musste, weil wir wiederum vom Verlag fremdbestimmt werden, dieses Manuskript termingerecht abgeben zu müssen. Und der Verlag wird wiederum von den Buchhändlern fremdbestimmt, die genug neue Bücher brauchen, die sie verkaufen können.

WARUM LASSEN WIR UNS DAS ANTUN?

Es sind also *Verkettungen von Abhängigkeiten*, die uns stressen und durch unser Leben treiben. Im letzten Beispiel kann auf der einen Seite beispielsweise die Abhängigkeit von Geld zugrunde liegen und auf der anderen Seite unsere Ungeduld, weil wir unseren Lesern etwas elementar Wichtiges möglichst schnell mitteilen wollen, damit sie sich ihr Leben erleichtern können, denn:

- Wenn Lektoren und Verlagsbesitzer über genug Geld verfügten, brauchten sie sich nicht dem Druck zu unterwerfen, alles rechtzeitig fertig zu bekommen. Dann würde das Buch eben ein Jahr später erscheinen. Oder gar nicht.

- Genau das würde uns, die idealistischen Autoren, stressen, weil wir unsere Leser nie erreichen würden, die unsere Hilfe hoffentlich gut gebrauchen können.

Und deshalb tun wir, was wir tun.

DREI ARTEN VON FREMDBESTIMMUNG

Es gibt verschiedene Arten der Fremdbestimmung. Wir fassen einmal die drei wichtigsten zusammen:

1. Manchmal sind wir so ambitioniert und wollen etwas Bestimmtes erreichen, dass wir uns automatisch in einen Sog begeben, der auf selbst gesetzten oder durch die Sache an sich entstehenden Terminen beruht. Dieser Zustand stresst uns aber nicht wirklich, weil das Ziel, das wir verfolgen, etwas ist, das wir von innen heraus wirklich *wollen*.

2. Hin und wieder lassen wir uns fremdbestimmen, weil andere das aufgrund ihre Funktion oder Macht mit uns tun können. Dieser Zustand dagegen stresst uns *sehr*, weil das etwas ist, das wir von innen heraus *nicht wollen, und weil* wir glauben, ihm hilflos gegenüberzustehen.

3. Schließlich kommt es immer wieder vor, dass wir uns von »untergeordneten« Menschen fremdbestimmen lassen, weil wir ihnen von uns aus die Macht dazu überlassen. Das kann beispielsweise aufgrund von Schuldgefühlen passieren, wenn wir denken, dass wir zu wenig Zeit mit unserer Tochter oder unserem Sohn verbringen, weil wir tagsüber arbeiten. Es besteht die Gefahr, dass wir uns dann abends komplett von ihnen in Beschlag nehmen lassen, uns selbst verlieren und keine Zeit mehr für uns übrig bleibt. Abgesehen davon führt dies häufig zu Spannungen mit dem Partner, der auch noch ein »Stück« von unserer Zeit abhaben möchte. Das erschwert die Situation zusätzlich.

Wie es bei Michaela »Klick« machte

»Als ich damals das Buch von Oliver las, wurde mir bei einer Übung auf einmal bewusst, dass ich zu 100 Prozent fremdgesteuert war, die Aufgaben nur so auf mich einprasselten und mein Leben ausschließlich aus Verpflichtungen bestand, denen ich treuherzig nachgegangen war. Ich erlaubte mir nicht einmal, darüber nachzudenken, ob es vielleicht etwas gäbe, was ich wirklich gerne täte. Es gab mich gar nicht mehr. Kein Wunder, dass ich keine große Freude mehr am Leben hatte! Die Aussicht, mein Leben so weiterzuführen, schockierte mich derart, dass ich begann, alle Aufgaben und alle Verpflichtungen aufzulisten. Ich sortierte zuerst danach,

- was ich wirklich tun musste (darunter fielen einige Punkte bezüglich der Kinder);
- was davon ich überhaupt tun wollte und was davon mir Spaß machte;
- was ich wirklich gut konnte.

Danach fing ich an,

- das, was ich nicht wirklich tun musste, auch einmal liegen zu lassen;
- den Schwerpunkt auf das zu legen, was ich gerne machte, und für alles andere um Hilfe zu bitten;
- mich in erster Linie darauf zu konzentrieren, was ich gut kann, und mir für andere Aufgaben Fachleute zu holen – das war im Endeffekt sogar billiger.

Die erste freie Zeit, die mir dann tatsächlich relativ schnell zur Verfügung stand, nutzte ich, um mir im ersten Schritt etwas Schönes zu gönnen. Ich mistete meinen Schrank aus und investierte einmal nicht in meine Kinder, sondern in ein neues Outfit und kaufte mir eine lang ersehnte Lederjacke. Im zweiten Schritt begann ich eine neue Arbeit, die mir Spaß machte. Das wiederum gab mir viel Kraft und Zufriedenheit zurück, wovon übrigens auch meine Kinder profitierten. Dabei musste ich lernen, Grenzen zu stecken und einzuhalten, auch einmal Nein zu sagen (was mit einem starken Harmoniebedürfnis nicht gerade einfach ist) und mich an meinen

> *Tageszeitplan zu halten. Neben meiner inneren Balance wuchsen dann auch meine Erfolge und mein finanzielles Polster.«*

STRATEGIEN GEGEN DIE FREMDBESTIMMUNG

Ändern wird sich für dich nur dann etwas, wenn du:

- entscheidest, wem du die Macht geben willst, dich fremdzubestimmen, und welches Ausmaß davon du zulassen willst;
- dir bewusst machst, was du wirklich musst und willst;
- dir darüber klar wirst, was du wirklich brauchst;
- deine Grenzen klar erkennst und steckst;
- dich diesem Sog entziehst und deinen eigenen Weg findest;
- Verantwortung für dich und dein Leben übernimmst;
- das Steuer selbst in die Hand nimmst.

WIE AUSGEPRÄGT IST DEINE FREMDBESTIMMUNG?

Finde jetzt heraus, wie sehr du fremdbestimmt bist, wie schlimm das für dich ist und was du verändern möchtest.

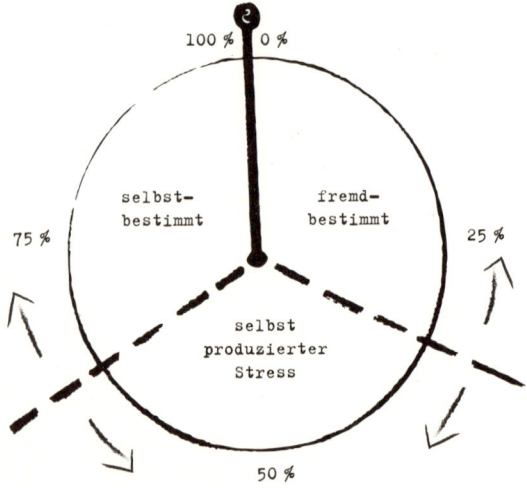

Der Kreis stellt einen durchschnittlichen Tag in deinem Leben dar. Dabei handelt es sich nur um deine Wachstunden. Die gestrichelten Linien sind als Variablen gedacht, die du entsprechend verschieben kannst. Überlege dir nun,

1. wie viel Zeit du an einem durchschnittlichen Tag von anderen fremdbestimmt wirst (rot),

2. wie viel du dich selbst fremdbestimmst, zum Beispiel, weil du etwas erreichen willst (gelb),

3. wie viel Zeit du zur Verfügung hast, bei der du allein entscheidest, wie du sie einsetzen möchtest (grün).

Zeichne deine eigenen Linien ein, nimm drei farbige Stifte (rot, gelb, grün), und schraffiere die Segmente entsprechend farblich.

Wenn du den Kreis nun betrachtest, fühle in dich hinein und frag dich, ob die Aufteilung so für dich passt oder ob du etwas verändern musst, um wieder durchatmen zu können und dein Burnout-Risiko zu senken. Schraffiere den unten stehenden Balken von links nach rechts in Rot so weit, wie dich diese Situation belastet.

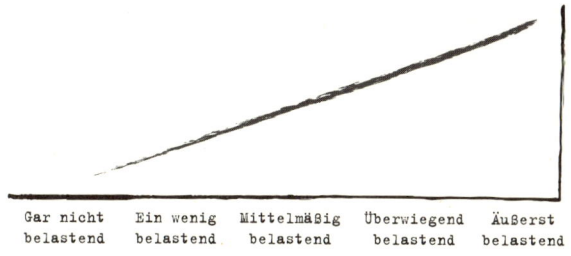

| Gar nicht belastend | Ein wenig belastend | Mittelmäßig belastend | Überwiegend belastend | Äußerst belastend |

Erkenntnis: Je belastender dein gegenwärtige Zustand für dich ist, desto dringender solltest du etwas daran ändern.

Frag dich, wo sich die Fremdbestimmung belastend bemerkbar macht, und notiere, was du verändern möchtest.

Nachdem du jetzt deinen Belastungsgrad gemessen hast, kannst du mit dem nächsten Denkzeug überlegen, wie sehr du dich dieser Fremdbestimmung weiterhin aussetzen musst beziehungsweise inwieweit du ihr wirklich Grenzen setzen willst und kannst.

DENKZEUG #3:
DER »MÜSSEN - WOLLEN - KÖNNEN«-CHECK -MUSS ICH, WILL ICH, KANN ICH?

WORUM GEHT'S?

Wir werden in viele Aufgaben und Verpflichtungen hineingezogen und glauben, dass wir uns nicht dagegen wehren können, weil wir nur noch funktionieren und nicht mehr hinterfragen, ob wir es wirklich tun wollen, können oder müssen. Dadurch wird unsere Aufgabenlast immer größer und führt uns in einen nicht endenden Dauerstress.

ZIEL DES DENKZEUGS

Sich klar darüber werden, was du *wirklich* tun willst, kannst oder musst, um dann einen Ausweg aus dem Stress zu finden.

MÜSSEN, WOLLEN ODER KÖNNEN – DAS IST HIER DIE FRAGE!

Wir haben im Lauf der Zeit einen Schnellcheck mit drei entscheidenden Fragen entwickelt, die dir bei ehrlicher Beantwortung helfen, herauszufinden, wo du ansetzen kannst, um einen Burnout zu verhindern. Wir nennen sie die »Wollen – Müssen – Können«-Fragen.

Das Besondere: Die Fragen sind zwar einfach zu stellen, aber ehrliche Antworten darauf zu geben stellt eine große Herausforderung dar, denn die daraus resultierenden notwendigen Konsequenzen können mit spürbaren und nachhaltigen Veränderungen für dich verbunden sein. Versuche es trotzdem! Die Fragen lauten:

1. *Muss ich* das wirklich mitmachen oder nicht?

   - **Muss ich** wirklich in diesem Job bleiben?
   - **Muss ich** mir das wirklich alles gefallen lassen?
   - **Muss ich** mich wirklich an alle Regeln halten?

Nehmen wir das Beispiel eines belastenden Jobs. Oft denken wir gar nicht weiter, weil wir der Überzeugung sind, dass wir sowieso keine andere Wahl haben, als dort zu bleiben, wo wir sind, und die Situation einfach zu akzeptieren. Hält man aber einmal inne und stellt sich die Frage ernsthaft, wird man feststellen, dass man so gut wie nie gezwungen ist, in diesem System wie in einem Käfig gefangen zu bleiben. Vielmehr sind es mangelndes Selbstwertgefühl, die Ängste vor den Folgen einer Veränderung und äußere Einflüsse, die uns in Fesseln legen. Eine Chance, aus diesem Käfig auszubrechen, hat man also nur, wenn man sich diesen Fesseln offen und ehrlich stellt.

Sicherlich gibt es Situationen oder Schicksalsschläge, wie beispielsweise eine schwere Krankheit, die einen Pflegefall in der Familie nach sich zieht, wo man sich nicht so leicht aus der Verantwortung stehlen oder eine Verpflichtung abgeben kann. Dennoch sollte man sich auch in solch einem Fall die nächsten beiden Fragen ehrlich beantworten.

2. *Will ich* es wirklich oder will ich es eigentlich nicht mehr?

   - **Will ich** meine Ehe wirklich retten oder will ich es nicht?
   - **Will ich** wirklich in meiner Firma bleiben oder will ich es nicht?
   - **Will ich** wirklich abnehmen oder will ich es nicht?

Nehmen wir das Beispiel einer zerrütteten Ehe. Dabei stellt sich die große Frage, an welchem Punkt man sich befindet. Ist man noch bereit beziehungsweise ist es sinnvoll, weitere Energie in die Beziehung zu stecken? Oder hat man das Thema für sich eigentlich schon längst abgehakt? Womöglich hindern einen nur noch Ängste und moralische Zweifel daran, den endgültigen Schlussstrich zu ziehen. Allerdings kann eine Beziehung dann gar nicht mehr funktionieren, denn wenn man etwas wirklich nicht mehr will, arbeitet der eigene Wille von innen heraus ständig dagegen. Da hilft dann auch eine Paarberatung nicht mehr und fungiert nur als Rechtfertigung, wirklich alles versucht zu haben.

Um also einen Weg aus einem System zu finden, gilt es, mit diesen Ängsten und moralischen Zweifeln fertigzuwerden und sie zu überwinden. Mehr dazu in Kapitel 5. Und jetzt zur letzten Frage.

3. *Kann ich* damit wirklich auf Dauer leben oder kann ich es nicht?

- **Kann ich** auf Dauer die Spielregeln meiner Firma akzeptieren oder frustrieren sie mich jeden Tag aufs Neue?

- **Kann ich** es auf Dauer körperlich und seelisch verkraften, die Pflege eines Verwandten zu übernehmen?

- **Kann ich** die sehr unterschiedlichen Einstellungen in der Partnerschaft auf Dauer aushalten?

Es ist egal, welches Beispiel wir nehmen, weil es immer darum geht, ob wir das, was wir machen, auf Dauer aushalten, ertragen und verkraften können, ohne dass es uns – ob körperlich oder seelisch – unsere ganze Kraft und Energie kostet. Werden wir, wie zuvor schon erwähnt, beispielsweise mit der Pflege eines nahestehenden Menschen beauftragt, ist es wahrscheinlich nicht so einfach, sich der Verantwortung zu entziehen. Wir sollten uns aber trotzdem auch in diesem Fall fragen, wie wir mit der Herausforderung am besten umgehen, damit wir am Ende nicht selbst zum Pflegefall werden. In mehreren Studien wurde nachgewiesen, dass familiäre Pflegekräfte ihr Verpflichtungsgefühl, sich um die eigenen Verwandten kümmern zu müssen, oft mit höheren Raten an Depression, einem höheren Herzinfarktrisiko und einer erhöhten Sterblichkeitsrate bezahlen.[5] Davon hat nämlich niemand etwas.

---

[5] Pinquart, M./Sorensen, S., Differences between caregivers and noncaregivers in psychological health and physical health: A meta-analysis. Psychology and Aging, 18(2), 2003, 250-267; Schulz, R./Beach, S., Caregiving as a risk factor for mortality: The Caregiver Health Effects Study, JAMA, 1999, 282: 2215-2219.

Wenn wir bei der Erledigung von Aufgaben ständig gegen unsere inneren Werte verstoßen und keine Motivation verspüren, sie zu erledigen, wird uns das auch nie zufriedenstellend gelingen. Im Gegenteil: Dadurch manövrieren wir uns in einen permanenten Stresszustand, der irgendwann zwangsläufig zum Burnout führen wird.

SYSTEM VERLASSEN ODER NICHT?

Die folgende Übung verdeutlicht noch einmal, dass jedes ehrlich gemeinte Nein bei der Beantwortung der drei Fragen die Möglichkeit eröffnet, das bestehende System zu verlassen, neue Wege zu finden und somit dem eigenen Stress entgegenzuwirken. Wenn du die Fragen beantwortest, kommt es nicht darauf an, dass du eine bestimmte Reihenfolge einhältst, sondern einzig darauf, dass du ehrlich zu dir selbst bist.

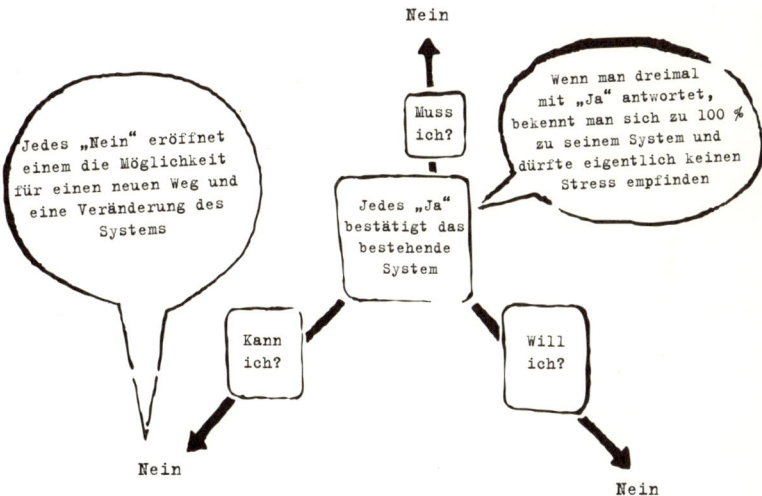

Stelle Dir jetzt die drei Fragen für den Aufgabenbereich, in dem du dich fremdbestimmt fühlst oder der dich belastet.

Meine belastende Aufgabe:

_____

_____

Ja / Nein

☐ / ☐ **Muss ich** das wirklich mitmachen oder nicht?

☐ / ☐ **Will ich** es wirklich oder will ich es eigentlich nicht mehr?

☐ / ☐ **Kann ich** damit wirklich auf Dauer leben oder kann ich es nicht?

Meine Erkenntnis:

_____

_____

Hier noch ein abschließendes Beispiel, um das vorhergehende Diagramm zu erklären. Nehmen wir den Fall einer guten Freundin, die als Marketingleiterin in einem Großkonzern arbeitet. Nach 20 Jahren harter Arbeit hat sie die dritthöchste Hierarchiestufe erklommen und schiebt in der Regel 60-Stunden-Wochen, um ihre Arbeit zu erledigen. Die Sonnenseite: Eigenheim, Auto, sicheres Gehalt, Privatschule für die Tochter. Die Schattenseite: Vollkommen frustriert steht sie kurz vor dem Burnout, weil sie

- pro Tag mehrere Hundert E-Mails bearbeiten muss;
- nur noch reaktiv abarbeiten, statt proaktiv die Firmenstrategie mitbestimmen kann;
- das Gefühl hat, dass ihre Fähigkeiten und Zeit unproduktiv eingesetzt sind;
- einen Mann zu Hause hat, der nichts zum Einkommen beiträgt und sich dazu auch noch aufregt, weil sie wegen ihrer Überstunden ständig zu spät nach Hause kommt.

Auf der Suche nach dem Burnout-Auslöser schauten wir uns die drei Fragen gemeinsam an.

Auf die Frage »*Willst du* denn die Firma verlassen?« reagierte sie nach kurzer Überlegung spontan: »Nein, eigentlich finde ich die Firma nach wie vor toll. Mir gefallen die Produkte und das, was unsere Firma in der Welt bewegt. *Aber* während bei uns wirklich immer die Hölle los ist, klingelt in anderen Abteilungen nicht mal das Telefon.«

Auf die zweite Frage »*Musst du* das denn wirklich mitmachen oder nicht?«, antwortete sie sinngemäß: »Selbstverständlich nicht. Niemand zwingt mich, da hinzugehen. Ich traue mir auch zu, woanders einen vergleichbaren Job zu finden. *Aber* ich hoffe ja immer noch darauf, dass sich etwas verändert!«

Über die dritte Frage – »*Kannst du* es denn mit deinen inneren Werten vereinbaren, dass du dort bleibst, und es auf Dauer ertragen?« – dachte sie schließlich etwas länger nach und sagte schließlich: »Eindeutig nein! Es frustriert mich ohne Ende, dass ich mich in einer so hohen Position in diesem Bereich nicht verwirklichen kann, nichts zu sagen habe und meine Ideen nicht einmal angehört werden.«

Dieses Mal hatte sie kein »Aber« parat, vielmehr dämmerte ihr nach unserem Gespräch, dass sie vielleicht nicht gleich die Firma wechseln musste, sondern es vermutlich erst einmal ausreichte, von der alten Abteilung in eine andere zu wechseln. Damit hatte sie ein neues Ziel, das sie wieder motiviert ansteuern konnte und das ihr Kraft gab, um die Situation noch eine Weile überbrückend auszuhalten.

Mit dem nächsten Denkzeug »Innere Motive« haben wir eine spezielle Analyse entwickelt, mit der du herausfinden kannst, was genau dir Kraft gibt und nimmt.

DENKZEUG #4:
GROSSE PERSÖNLICHKEITSANALYSE – WAS TREIBT MICH AN?

WORUM GEHT'S?

Wir alle haben innere Antriebskräfte, die uns in unterschiedliche Richtungen lenken. Wir nennen sie innere Motive. Sie motivieren uns, gewisse Dinge zu tun oder nicht zu tun, und steuern uns bei unseren Entscheidungen. Das ist uns meist gar nicht bewusst. Wenn wir nun zum einen nicht auf sie hören oder ihnen zum anderen zu extrem nachgeben, kann uns das sehr viel Kraft rauben und starkem Stress aussetzen. Kennen wir unsere inneren Motive und gehen gezielt mit ihnen um, können wir dem entgegenwirken und uns besser in der Balance halten.

ZIEL DES DENKZEUGS

Seine inneren Motive genau kennenzulernen. Dadurch kannst du sie zu deinem Vorteil einsetzen, nutzen *und* dich rechtzeitig stoppen, bevor du an deine Grenzen gelangst.

INNERE MOTIVE – ERKLÄRUNG UND HINTERGRÜNDE

- Weißt du, was dich in die eine oder andere Richtung treibt?
- Bist du dir bewusst darüber, was dich zu deinen Handlungen veranlasst oder was deine Reaktionen auslöst?
- Hast du schon einmal gründlicher darüber nachgedacht, dass vieles, was bei dir Stress verursacht, anderen gar nichts ausmacht – und umgekehrt?

Nur die wenigsten können diese Fragen genau beantworten. Deshalb helfen wir dir nun, dich und deine Stress auslösenden Ursachen kennen und verstehen zu lernen. Dabei konzentrieren wir uns auf das, was dich von innen heraus motiviert, antreibt oder auch blockiert.

Wir kommen deinem Willen auf die Spur und decken auf, wo du damit an deine Grenzen stößt. Danach machen wir die Unterschiede zwischen dir und den Menschen in deinem Umfeld deutlich, die oft Auslöser für Konflikte oder Streitigkeiten sein können. Denn nur wenn du verstehst,

- was dich *warum* stresst,
- welche Werte *dir* für dein Leben und Arbeiten wichtig sind,
- wo deine Erwartungshaltung und dein Anspruch wurzeln,

kannst du

- deine Ziele schneller erreichen,
- lernen, nach deinen Werten zu leben und zu arbeiten,
- lernen, zu dir zu stehen und ein größeres Selbstwertgefühl zu entwickeln,
- Energie tanken und *zufriedener* werden.

> Im Wort »Zu**frieden**heit« steckt das Wort »Frieden«. Für uns bedeutet das, mit sich und anderen Frieden schließen zu können, zu seinem inneren Frieden zu finden und ruhig und ausgeglichen zu werden.

DIE GRUNDLAGE UNSERES ANSATZES

Der amerikanische Psychologieprofessor Steven Reiss hat zum Thema Motivationsforschung 16 Lebensmotive definiert, von denen er annimmt, dass sie in unterschiedlicher Ausprägung unsere Handlungen und Entscheidungen steuern.

Aufbauend auf seiner Idee und unseren eigenen Erfahrungen haben wir 20 verschiedene innere Motive identifiziert und definiert. Jeder von uns trägt all diese Motive mehr oder weniger ausgeprägt in sich.

Mit der folgenden Übung kannst du genau analysieren, welche der 20 inneren Motive zu deinen Hauptantriebskräften zählen und wie sie dir Energie verschaffen oder auch rauben können.

Durch die variable Ausprägung der Motive, die miteinander in Wechselwirkung stehen, kristallisiert sich eine jeweils einzigartige Kombination von Charaktereigenschaften heraus, die uns zu dem macht, was wir sind. Ein »gut« oder »schlecht« gibt es dabei nicht. Jeder Mensch ist genau richtig mit seiner Ausprägung der inneren Motive. Unsere Antriebsmotive lauten in alphabetischer Reihenfolge:

Abenteuerlust/Belastbarkeit	Geselligkeit
Ästhetik/Schönheit	Gesundheit
Bestätigung/Wertschätzung	Harmonie
Bewahren/Tradition	Hilfsbereitschaft
Bewegung/Fitness	Ordnung/Struktur
Einfluss/Macht	Perfektionismus
Familie	Status/Individualität
Finanzielle Sicherheit	Unabhängigkeit
Genuss	Wettbewerb
Gerechtigkeit	Wissensdurst/ Entwicklung

DIE DETAILLIERTE ANALYSE DEINER INNEREN MOTIVE

1. Lies dir die zehn Aussagen zum ersten Motiv durch.

2. Überlege dir, ob du dich bei einzelnen davon angesprochen fühlst und darin wiederfindest. Wenn du dich gar nicht wiederfindest,

kreise in der Zahlentabelle von 0 bis 3 die 0 ein. Ansonsten setze deinen Kreis

- bei der 1, wenn das Motiv manchmal oder ein wenig zu dir passt;
- bei der 2, wenn es oft beziehungsweise überwiegend passt;
- bei der 3, wenn du dich davon zu 100 Prozent angesprochen fühlst.

3. Zähle nun alle eingekreisten Werte zusammen und trage die Gesamtsumme in das Summenfeld ein. Führe diese Schritte mit allen weiteren Motiven durch.

ABENTEUERLUST/BELASTBARKEIT

	0	1	2	3
Ich bin sehr risikofreudig.	0	1	2	3
Ich liebe Abenteuerreisen.	0	1	2	3
Ich bin sehr stressresistent. Mich bringt so leicht nichts aus der Ruhe.	0	1	2	3
Ich bleibe auch in gefährlichen Situationen ruhiger als andere.	0	1	2	3
Ich kenne so gut wie keine Angst.	0	1	2	3
Ich stelle mich gerne großen Herausforderungen.	0	1	2	3
Man kennt mich locker und ausgelassen.	0	1	2	3
Lärm und laute Musik stören mich nicht.	0	1	2	3
Ich bin lieber unterwegs und erlebe etwas, als zu Hause zu bleiben.	0	1	2	3
Ich erledige Aufgaben gerne auf den letzten Drücker.	0	1	2	3
Summe				

ÄSTHETIK/SCHÖNHEIT

	0	1	2	3
Ich lege viel Wert auf ein gepflegtes Äußeres.	0	1	2	3
Ich liebe es, meine Kleidung perfekt aufeinander abzustimmen.	0	1	2	3
Ich fühle mich nur in einer sauberen Wohnung wohl.	0	1	2	3
Wohnungseinrichtung/Deko sind bei mir gut aufeinander abgestimmt.	0	1	2	3
Ich kaufe Autos und andere Dinge immer auch danach, wie sie aussehen.	0	1	2	3
Hygiene und Sauberkeit sind ein wichtiger Bestandteil bei der Auswahl meiner Reisen.	0	1	2	3
Das Aussehen und gepflegte Äußere meines Partners sind mir sehr wichtig.	0	1	2	3
Bei mir isst das Auge immer mit.	0	1	2	3
Kunst und/oder Design ziehen mich magisch an.	0	1	2	3
In einem ungepflegten Ambiente kann ich nicht arbeiten.	0	1	2	3
Summe				

BESTÄTIGUNG/WERTSCHÄTZUNG

	0	1	2	3
Ich sehne mich nach Anerkennung für Geleistetes.	0	1	2	3
Ich zweifle oft an mir selbst.	0	1	2	3
Ich versuche, Fehler zu vermeiden, um eine Anerkennung nicht zu gefährden.	0	1	2	3
Ich vertrage Kritik nur sehr schlecht.	0	1	2	3

	0	1	2	3
Ich bin sehr leistungsorientiert.	0	1	2	3
Ich fühle mich bei Misserfolgen schnell als Versager.	0	1	2	3
Ich will geliebt und akzeptiert werden.	0	1	2	3
Ich lege großen Wert darauf, wie ich auf andere wirke.	0	1	2	3
Ich bin schnell verunsichert.	0	1	2	3
Ich beneide andere dafür, wenn sie eine Auszeichnung bekommen.	0	1	2	3
Summe				

BEWAHREN/TRADITION

	0	1	2	3
Ich trenne mich nur ungern von Dingen.	0	1	2	3
Ich halte an traditionellen Werten fest.	0	1	2	3
Ich bewahre Dinge gerne auf.	0	1	2	3
Ich gehe sehr sorgsam mit meinen Besitztümern um.	0	1	2	3
Ich verleihe nur ungern etwas.	0	1	2	3
Ich repariere erst Altes, bevor ich etwas Neues kaufe.	0	1	2	3
Ich versuche, mit dem zurechtzukommen, was ich habe.	0	1	2	3
In vertrauter Umgebung fühle ich mich am wohlsten.	0	1	2	3
Ich versuche, Veränderungen aus dem Weg zu gehen.	0	1	2	3
Ich erinnere mich gerne an alte Zeiten.	0	1	2	3
Summe				

BEWEGUNG/FITNESS

	0	1	2	3
Ich liebe Sport und Bewegung.	0	1	2	3
Ich achte sehr auf meine Fitness.	0	1	2	3
Ich versuche stets, meine Fitness zu steigern.	0	1	2	3
Ich tue viel, um auch im Alter noch fit zu sein.	0	1	2	3
Ich ziehe aktive Urlaube einem Erholungsurlaub vor.	0	1	2	3
Ich brauche Bewegung als Ausgleich.	0	1	2	3
Ich fühle mich nur bei ausreichender Bewegung wohl.	0	1	2	3
Es ist schlimm für mich, wenn mein Bewegungsdrang eingeschränkt ist (zum Beispiel durch Krankheit).	0	1	2	3
Ich nehme Nahrungsergänzungsmittel, um meinen Körper fit zu halten.	0	1	2	3
Ich interessiere mich für sportliche Ereignisse.	0	1	2	3
Summe				

EINFLUSS/MACHT

	0	1	2	3
Ich treffe gerne Entscheidungen.	0	1	2	3
Ich übernehme gerne die Führungsrolle.	0	1	2	3
Ich weiß, was ich will, und setze es mit vollem Ehrgeiz durch.	0	1	2	3
Ich will durch meine Handlungen etwas bewegen.	0	1	2	3
In meiner Arbeit strebe ich eine einflussreiche Position an.	0	1	2	3

Ich suche mir bewusst nur Gesprächspartner auf Augenhöhe.	0	1	2	3
Ich übernehme gerne die Verantwortung, vor allem wenn ich etwas damit bewirken kann.	0	1	2	3
Ich sage immer, was ich denke.	0	1	2	3
Ich mache die Regeln am liebsten selbst.	0	1	2	3
Meine Vorbilder sind einflussreiche Menschen in Machtpositionen.	0	1	2	3
Summe				

FAMILIE

	0	1	2	3
Ich möchte so viel Zeit wie möglich mit meiner Familie verbringen.	0	1	2	3
Ich ziehe die Familie der Karriere vor.	0	1	2	3
Ich verzichte auf Spaß mit Freunden gerne zugunsten der Familie.	0	1	2	3
Ich kann mir ein Leben ohne Kinder nicht vorstellen.	0	1	2	3
Ich sehe die Erziehung von Kindern als meine schönste und wichtigste Lebensaufgabe.	0	1	2	3
Ich stelle meine eigenen Bedürfnisse gerne hinter die der Familie.	0	1	2	3
Ich reise am liebsten mit der ganzen Familie.	0	1	2	3
Ich liebe Familienfeste.	0	1	2	3
Ich bekomme schnell Heimweh nach der Familie, wenn ich von zu Hause weg bin.	0	1	2	3
Ich mache mir ständig Gedanken, ob es meiner Familie gut geht.	0	1	2	3
Summe				

FINANZIELLE SICHERHEIT

	0	1	2	3
Ich habe den Überblick über meine Ersparnisse.	0	1	2	3
Ich brauche einen finanziellen Puffer zur Sicherheit.	0	1	2	3
Ich wäge meine Investitionen ab, bevor ich Geld dafür ausgebe.	0	1	2	3
Ich verstehe die gängigsten Anlagemöglichkeiten (Aktien, Optionen etc.).	0	1	2	3
Ich kümmere mich um meine Altersvorsorge.	0	1	2	3
Ich weiß genau, welche Verbindlichkeiten auf mich zukommen, und zahle zuverlässig alle Rechnungen.	0	1	2	3
Ich lege großen Wert auf die Begleichung meiner Forderungen.	0	1	2	3
Ich versuche zu vermeiden, Darlehen aufzunehmen oder mir Geld zu leihen.	0	1	2	3
Ich decke alle Risiken über Versicherungen ab.	0	1	2	3
Ich überlege mir gut, wenn ich jemanden einlade oder Geschenke mache.	0	1	2	3
Summe				

GENUSS

	0	1	2	3
Ich freue mich auf ein entspanntes leckeres Essen.	0	1	2	3
Ich nehme mir gerne viel Zeit in guten Restaurants.	0	1	2	3
Ich liebe eine gute Flasche Wein und trinke Alkohol nur zum Genuss.	0	1	2	3

	0	1	2	3
Beim Einkauf von Lebensmitteln steht der genießerische Aspekt im Vordergrund.	0	1	2	3
Ich mag es nicht, im Vorbeigehen zu essen, beispielsweise Fastfood.	0	1	2	3
Ich stopfe meine Reisen nicht mit Programm voll, sondern lasse mir genügend Spielraum zum Genießen und Entspannen.	0	1	2	3
Ich liebe ausgedehnte Spaziergänge oder Wanderungen in der Natur.	0	1	2	3
Beim Sex liebe ich ein langes Vorspiel.	0	1	2	3
Ich fühle mich in einer entspannten Atmosphäre am wohlsten.	0	1	2	3
Ich kann gut abschalten, umschalten und genießen.	0	1	2	3
Summe				

GERECHTIGKEIT

	0	1	2	3
Ich lege großen Wert auf Ehrlichkeit und Fairness.	0	1	2	3
Es macht mich richtig wütend, wenn ich unfair behandelt werde.	0	1	2	3
Ich möchte gehört und verstanden werden.	0	1	2	3
Ich sehe immer beide Seiten, bevor ich mir eine Meinung bilde.	0	1	2	3
Ich versuche, immer alle Beteiligten einzubinden und ein faires Ergebnis für alle zu erzielen.	0	1	2	3
Ich habe ein offenes Ohr und bin sehr verständnisvoll.	0	1	2	3
Ich verurteile niemanden wegen seines sozialen Status, Aussehens oder seiner Herkunft.	0	1	2	3

	0	1	2	3
Ich erwarte, dass Versprechen eingehalten werden.	0	1	2	3
Ich ziehe die Mediation einem Rechtsstreit vor.	0	1	2	3
Ein Urteil darf meiner Meinung nach erst gefällt werden, wenn alle Fakten klar und eindeutig vorliegen.	0	1	2	3
Summe				

GESELLIGKEIT

	0	1	2	3
Ich liebe es, wenn ich von vielen Menschen umgeben bin.	0	1	2	3
Ich treffe mich so oft wie möglich mit meinen Freunden.	0	1	2	3
Ich bin das, was man einen Partylöwen nennt.	0	1	2	3
Ich arbeite generell am liebsten in einem großen Team.	0	1	2	3
Ich brauche unbedingt Kontakt zu anderen.	0	1	2	3
Ich bin dauernd auf der Suche nach Gleichgesinnten.	0	1	2	3
Ich bringe Menschen gerne zusammen.	0	1	2	3
Für Späße bin ich immer zu haben.	0	1	2	3
Ich nehme das Leben eher von der leichten Seite.	0	1	2	3
Mein Motto: »Gemeinsam sind wir stark!«	0	1	2	3
Summe				

GESUNDHEIT

	0	1	2	3
Ich achte stets auf meine Gesundheit.	0	1	2	3
Ich sorge für ausreichend Bewegung.	0	1	2	3
Ich achte auf gesunde Ernährung.	0	1	2	3
Ich trinke Alkohol nur in geringem Maß, damit ich meiner Gesundheit nicht schade.	0	1	2	3
Ich würde aus gesundheitlichen Gründen nie rauchen.	0	1	2	3
Ich verabscheue jede Art von Drogen und Suchtmitteln.	0	1	2	3
Ich suche mir meine Ärzte und Therapeuten bewusst aus.	0	1	2	3
Ich lese jeden Beipackzettel und nehme Medizin nur, wenn ich überzeugt bin, dass sie meiner Gesundheit nicht mehr schadet als nutzt.	0	1	2	3
Gesundheitsthemen interessieren mich generell.	0	1	2	3
Ich denke ganzheitlich über die Gesundheit nach.	0	1	2	3
Summe				

HARMONIE

	0	1	2	3
Ich bin gegen jede Art von Streit.	0	1	2	3
Konflikten und Aggressionen gehe ich aus dem Weg.	0	1	2	3
Ich lehne Gewalt ab und will niemanden verletzen.	0	1	2	3
Ich vermeide Wett- und Konkurrenzkämpfe.	0	1	2	3

	0	1	2	3
Ich bevorzuge gewaltfreie Filme mit Happy End.	0	1	2	3
Ich denke und handle lösungs- und harmonieorientiert.	0	1	2	3
Ich bin kooperativ.	0	1	2	3
Ich würde niemandem den Platz streitig machen.	0	1	2	3
Ich mache anderen gerne mit Geschenken eine Freude.	0	1	2	3
Ich stelle meine Bedürfnisse um des lieben Friedens willen hinten an.	0	1	2	3
Summe				

HILFSBEREITSCHAFT

	0	1	2	3
Ich bin sehr hilfsbereit.	0	1	2	3
Ich setze mich uneigennützig für andere ein.	0	1	2	3
Ich übernehme gerne ehrenamtliche Aufgaben.	0	1	2	3
Ich stelle meine Bedürfnisse oft hinter die der anderen.	0	1	2	3
Ich spende regelmäßig, um anderen zu helfen.	0	1	2	3
Ich übernehme gerne Verantwortung für sozial schwache Menschen.	0	1	2	3
Ich verbiege mich gerne für andere, wenn ich ihnen dadurch helfen kann.	0	1	2	3
Ich fühle mich vor allem schlechter gestellten Menschen sehr verbunden.	0	1	2	3
Ich gehe auf jeden erst einmal offen, positiv und hilfsbereit zu.	0	1	2	3
Ich bin großzügig, wenn ich jemandem damit helfen kann.	0	1	2	3
Summe				

ORDNUNG/STRUKTUR

	0	1	2	3
Unordnung macht mich nervös.	0	1	2	3
Ich hasse es, wenn die Sachen nicht am richtigen Platz sind.	0	1	2	3
Ich arbeite am liebsten strukturiert und nach Plan.	0	1	2	3
Ich nutze gerne To-do-Listen.	0	1	2	3
Ich möchte immer wissen, was auf mich zukommt.	0	1	2	3
Ich lege großen Wert auf Pünktlichkeit.	0	1	2	3
Spontane Änderungen werfen mich aus der Bahn.	0	1	2	3
Ich organisiere und plane Dinge am liebsten selbst.	0	1	2	3
Ich achte auf die Einhaltung von Regeln.	0	1	2	3
Ich bin sehr zuverlässig und halte mich an Versprechen und Vereinbarungen.	0	1	2	3
Summe				

PERFEKTIONISMUS

	0	1	2	3
Ich will immer alles perfekt machen.	0	1	2	3
Ich dulde keine Fehler.	0	1	2	3
Ich gebe bei jeder Aufgabe alles.	0	1	2	3
Ich gebe Aufgaben nur ab, wenn ich mir sicher bin, dass sie fehlerfrei erledigt werden.	0	1	2	3
Ich kontrolliere alles nach.	0	1	2	3

	0	1	2	3
Ich habe höchste Ansprüche an mich und die anderen.	0	1	2	3
Ich gehe bei der Qualität keine Kompromisse ein.	0	1	2	3
Ich habe bei meinen Aufgaben ein klares Bild vom Endergebnis vor Augen.	0	1	2	3
Vor einem Kauf recherchiere ich immer Testergebnisse.	0	1	2	3
Wenn ich etwas anfange, bringe ich es auch zu Ende.	0	1	2	3
Summe				

STATUS/INDIVIDUALITÄT

	0	1	2	3
Ich bevorzuge beim Einkauf Marken oder besonders auffällige Sachen.	0	1	2	3
Ich falle gerne auf.	0	1	2	3
Ich strebe danach, etwas Besonderes zu sein.	0	1	2	3
Ich interessiere mich für berühmte Persönlichkeiten.	0	1	2	3
Ich schmücke und brüste mich gerne mit Preisen oder Titeln.	0	1	2	3
Es macht mir Spaß, zu zeigen, was ich habe.	0	1	2	3
Mein Motto: »Mehr geht immer!«	0	1	2	3
Meine Reisen müssen einzigartig und besonders sein.	0	1	2	3
Es macht mir Spaß, Aufsehen zu erregen.	0	1	2	3
Ich liebe es, wenn ich eine VIP-Sonderbehandlung bekomme.	0	1	2	3
Summe				

UNABHÄNGIGKEIT

	0	1	2	3
Ich arbeite am liebsten eigenverantwortlich und selbstständig.	0	1	2	3
Oberste Priorität ist, für mich selbst zu sorgen und finanziell unabhängig zu sein.	0	1	2	3
Bevormundet zu werden macht mich wütend.	0	1	2	3
Ich brauche viel Freiraum.	0	1	2	3
Eifersucht schnürt mir die Luft ab.	0	1	2	3
Ich mag es überhaupt nicht, kontrolliert zu werden.	0	1	2	3
Es belastet mich, wenn ich jemandem etwas schuldig bleibe.	0	1	2	3
Ich hole mir erst Hilfe, wenn es gar nicht mehr anders geht.	0	1	2	3
Ich arbeite besser und effektiver allein als im Team.	0	1	2	3
Ich gehe bei Freundschaften keine Kompromisse ein und muss so bleiben können, wie ich bin.	0	1	2	3
Summe				

WETTBEWERB

	0	1	2	3
Ich habe einen großen Kampfgeist.	0	1	2	3
Ich beiße die Zähne zusammen und gebe bis zum Schluss nicht auf.	0	1	2	3
Ich messe mich gerne mit anderen.	0	1	2	3
Ich kann nicht verlieren.	0	1	2	3
In Diskussionen argumentiere ich so lange, bis ich mich durchgesetzt habe.	0	1	2	3

	0	1	2	3
Mein Motto: »Gewinnen ist alles!«	0	1	2	3
Ohne Konflikte und Reibereien wäre das Leben langweilig.	0	1	2	3
Wenn ich mich bedroht fühle, gehe ich sofort zu Verteidigung und Gegenangriff über.	0	1	2	3
Wenn jemand mich betrügt, zahle ich es ihm heim.	0	1	2	3
Ich bin das, was man ungeduldig nennt.	0	1	2	3
Summe				

WISSENSDURST/ENTWICKLUNG

	0	1	2	3
Ich interessiere mich für viele unterschiedliche Themen.	0	1	2	3
Ich vertiefe mich in Lieblingsthemen bis ins Detail.	0	1	2	3
Ich schaue hauptsächlich deswegen Fernsehen, weil ich etwas lernen kann.	0	1	2	3
Ich lese gerne und viel, bevorzugt Themen, die mich im Leben weiterbringen.	0	1	2	3
Innovationen und Erfindungen ziehen mich magisch an.	0	1	2	3
Neue Ideen reizen mich mehr als deren Ausarbeitung und Durchführung.	0	1	2	3
Ich liebe intellektuelle Gespräche.	0	1	2	3
Ich gehe gerne auf Fortbildungen.	0	1	2	3
Ich verabscheue Routine-Arbeiten.	0	1	2	3
Veränderungen reizen mich und spornen mich an.	0	1	2	3
Summe				

Auswertung

Übertrage deine Endwerte in die unten stehende Tabelle:

Abenteuerlust/ Belastbarkeit		Geselligkeit	
Ästhetik/Schönheit		Gesundheit	
Bestätigung/ Wertschätzung		Harmonie	
Bewahren/Tradition		Hilfsbereitschaft	
Bewegung/Fitness		Ordnung/Struktur	
Einfluss/Macht		Perfektionismus	
Familie		Status/Individualität	
Finanzielle Sicherheit		Unabhängigkeit	
Genuss		Wettbewerb	
Gerechtigkeit		Wissensdurst/ Entwicklung	

Die höchsten Werte bei den einzelnen Motiven zeigen dir deine Hauptmotive. Das heißt, diese Charaktereigenschaften sind bei dir besonders ausgeprägt.

Wert ab 26 und höher

Das Motiv mit dem höchsten Wert treibt dich maßgeblich durch dein Leben. Aber auch andere Motive mit entsprechend hohen Werten spielen eine große Rolle in deinem Leben und müssen beachtet werden. Sie wirken am deutlichsten nach außen und der charakterliche Unterschied zwischen dir und anderen Menschen lässt sich daran genauer erkennen. Du bist damit aber nicht besser oder schlechter als andere, sondern eben einzigartig. Im Umgang mit anderen Menschen, die bei demselben Motiv einen sehr niedrigen Wert (unter 5) haben, kann es zu Reibungen und Konflikten kommen. Wenn du einem Motiv mit diesem Wert nicht genügend Beachtung schenkst, kann dir das sehr viel Kraft rauben. Gleichzeitig musst du aber aufpassen, dass es dich durch seinen starken Einfluss nicht in einen Stresszustand drängt.

Wert von 20-25

Dieses Motiv spielt eine beachtliche Rolle in deinem Leben. Es ist aber eher ein Begleiter deiner Hauptmotive und beeinflusst deine Handlungen oder Entscheidungen nur unterschwellig. Wer beispielsweise »Genuss« als Hauptmotiv und »Wissensdurst« als Nebenmotiv hat, der wird bei der Auswahl seiner Lokale auch öfter einmal in ein neues, unbekanntes Restaurant gehen.

Wert von 10-19

Dieses Motiv spielt keine große Rolle in deinem Leben und wird so gut wie nie zu den Stressverursachern gehören.

Wert von 0-9

Dieses Motiv ist nur minimal vorhanden. Im Umgang mit Menschen, die darin einen sehr hohen Wert haben, kann es allerdings schon einmal zu Reibungen und Konflikte kommen.

VERANKERN DEINER MOTIVE

Trage nun deine inneren Motive mit den höchsten Werten in die linke Spalte der folgenden Tabelle ein. Solltest du mehr als drei gleichwertige Motive haben, ergänze sie auf einem separaten Blatt. Beschreibe anschließend in der Spalte rechts daneben, wie das Motiv dich bis heute beeinflusst, dich gestresst hat und was du in Zukunft berücksichtigen solltest.

Michaelas Hauptmotiv lautet beispielsweise »Ästhetik«. Als ihr das bewusst wurde, hat sich einiges verändert. Sie beschreibt sich und das, worauf sie jetzt achten will, dabei so: »Schönheit, Ästhetik und ein geschmackvolles Ambiente sind sehr wichtig für mich im Leben. Schlechte Gerüche und Unsauberkeit kann ich nur schwer ertragen. Bei der Planung von erholsamen Reisen, meines Arbeitsplatzes oder eines eventuellen Wohnungswechsels muss ich das berücksichtigen.«

Meine Hauptmotive	Wie hat mich das Motiv beeinflusst? Was muss ich in meinem Leben berücksichtigen? Worauf sollte ich in Zukunft besser achten?
Motiv #1	
Motiv #2	
Motiv #3	

Jetzt kennst du dein komplettes Inneres-Motive-Paket. Das dürfte dir deutlich machen, in welchen Motiven du dich von anderen unterscheidest und wie sich das bemerkbar macht. Diese wichtige Erkenntnis zeigt dir schon einmal im Ansatz auf, wie es im Umgang mit anderen zu Konflikten aufgrund der unterschiedlichen Interessen und Antriebskräfte kommen kann. Wenn du dieses Wissen ab sofort bewusst einsetzt, kannst du in Zukunft so manche zwischenmenschlichen Konflikte vermeiden.

MOTIVE IM EINSATZ

Michaela lebte früher mit einem Partner zusammen, dessen Motiv »Ästhetik« nicht so stark ausgeprägt war wie bei ihr. Dafür besaß er als Hauptmotiv »Finanzielle Sicherheit«. Bei einem ihrer gemeinsamen Urlaube wurde in erster Linie *sein* Antreiber berücksichtigt und sie verbrachten die Tage auf einem Campingplatz in Italien. Es war einer ihrer schrecklichsten Urlaube. Zu Michaelas Motiv »Ästhetik« gehört nämlich, dass sie eine saubere und ordentliche Umgebung an ihrem Urlaubsort vorfinden möchte. Die sanitären Bedingungen, mit denen sie aber nach den nächtlichen Saufgelagen der Zeltnachbarn konfrontiert war, verwandelten den Urlaub für sie in ein kraftraubendes und stressiges Erlebnis. Jetzt, da sie ihre inneren Motive kennt, fällt es ihr viel leichter, dies bei ihrer Urlaubsplanung und auch in Bezug auf andere Themen zu berücksichtigen. So wäre damals beispielsweise ein Fahrradurlaub mit Übernachtung in kleinen, sauberen und liebevoll geführten Pensionen ein preiswerter Kompromiss gewesen.

Auch am folgenden Beispiel Autokauf lässt sich zeigen, wie hilfreich es ist, alle Motive (und Beweggründe) der einzelnen Familienmitglieder zu kennen, um eine Wahl zu treffen, die einen optimalen Kompromiss für alle Beteiligten darstellt. Zur Verdeutlichung zeigen wir dir einmal, welche Faktoren bei der Wahl eines Autos für unsere neue Patchwork-Familie eine Rolle gespielt haben.

Name	Motiv	Was ist wichtig?	Welches Auto?
Oliver	Wissensdurst, Innovation	Das Auto muss technisch innovativ sein.	Am liebsten das neueste Hybrid- oder Elektroauto
Michaela	Ästhetik	Das Auto muss schön sein und Sitze, Lenkrad, Felgen müssen zueinander passen.	Individuell nach Geschmack konfiguriert, kein Auto von der Stange
Sohn Mike	Status	Das Auto muss etwas Besonderes darstellen, am liebsten ein einzigartiges Markenfahrzeug.	Audi R8 (davon träumt er zumindest)
Tochter Marina	Einfluss	Das Auto muss mächtig wirken und schnell ans Ziel kommen.	Großes, getuntes Auto
Sohn Maxi	Unabhängigkeit	Das Auto darf ihn nie im Stich lassen und muss zur Not auch als Übernachtungsmöglichkeit herhalten können.	Ein zuverlässiger Bus

Letztendlich haben wir ein tolles Auto gefunden, das allen gerecht wurde. Wir wählten einen großen schwedischen Wagen mit sieben Sitzen und der neuesten Technik, der sehr sparsam im Dieselverbrauch ist. Durch Umklappen der Sitze kann man sogar darin schlafen. Das Interieur wurde aufeinander abgestimmt. So hat sich jeder in diesem Auto wiedergefunden und war zufrieden. Wichtig war uns dabei, dass wir gegenseitig für unsere Wünsche Verständnis hatten.

NEID: EIN EINFACHER INDIKATOR

Wilhelm Busch sagte einmal: »Neid ist die aufrichtigste Form der Anerkennung.« Wir sagen, er ist nicht nur die aufrichtigste Form der Anerkennung, sondern auch ein erstklassiger Indikator, um deine Motive zu erkennen und zuzuordnen.

Wenn du dich dabei ertappst, auf jemanden neidisch zu sein, hinterfrage doch, *warum* du neidisch bist und nicht nur *worauf*. Sicher kannst du die Gründe jetzt schon einem deiner Hauptmotive zuordnen. Nehmen wir mal an, du bist neidisch auf das Outfit deines Gegenübers.

Wenn du:

- einfach nur besser aussehen möchtest, kann der Grund ein ausgeprägtes *Wettbewerbsmotiv* sein;

- das Gefühl hast, dass dir die Show gestohlen wird, weil deine Sachen weniger wertig wirken oder von einem unbedeutendem Markenhersteller kommen, kann der Grund ein starkes *Statusmotiv* sein.

- neidisch bist, weil die alten Klamotten in deinem Schrank verblassen und du dir auch wieder einmal etwas Schönes leisten willst, hast du ein dominantes *Ästhetikmotiv*.

Am Ende geht es oft gar nicht darum, genau das Gleiche haben zu wollen, sondern beispielsweise

- besser sein zu wollen,

- auffallen zu wollen,

- attraktiver sein zu wollen.

Wichtig bei dem Ganzen: Neid sollte wirklich immer nur als »Schubs« dienen und nicht allzu viel Raum in deinem Leben bekommen, sonst stresst er dich nur. Für Gier und Rache, die ebenfalls übersteigerte und von unseren Motiven ausgelöste Emotionen darstellen, gilt im Übrigen dasselbe.

INNERE MOTIVE UND STRESS

Nachdem du deine inneren Motive jetzt kennst, durchleuchten wir in dieser letzten Übung zum Thema, wie sie dir Kraft rauben und Stress verursachen können und was du dagegen tun kannst. In der folgenden Tabelle stellen wir dir *unsere* Erkenntnisse vor, wie die inneren Motive *uns* Kraft rauben, wenn beispielsweise bestimmte Arbeitsbedingungen nicht erfüllt sind.

Name	Hauptmotive	Es raubt Kraft und wird zum Stress, wenn ...	Erkenntnis
Oliver	Wissensdurst Beziehungen Unabhängigkeit	... er über einen längeren Zeitraum einer Beschäftigung mit sich ständig wiederholenden Tätigkeiten nachgehen muss, sich nicht weiterentwickeln kann, womöglich noch in einem Büro allein sitzen und sich ständig einem Chef fügen muss.	Er braucht eine Arbeit, bei der er mit neuen Ideen seinen Lebensunterhalt verdienen und sich ständig weiterentwickeln kann, am besten in Form einer eigenen Firma und mit einem oder mehreren Geschäftspartnern.

Name	Hauptmotive	Es raubt Kraft und wird zum Stress, wenn ...	Erkenntnis
Michaela	Harmonie Ästhetik Perfektionismus Gerechtigkeit	... sie in einer konfliktreichen, geringschätzigen, schlampigen Atmosphäre arbeiten oder leben muss, wo es nicht mehr um Fairness, sondern nur noch um Macht, Gewinnen und gegenseitiges Ausspielen geht; sie oder auch andere ihrem hohen Anspruch nicht gerecht werden.	Sie braucht Menschen in ihrem Arbeits- und Lebensumfeld, die kein starkes Wettbewerbs- oder Einflussmotiv haben, sondern ihr auf Augenhöhe begegnen und einen respektvollen und fairen Umgang miteinander als selbstverständlich betrachten. Wenn die Arbeit in schönen Räumen getan wird, ist das ein zusätzlicher Bonus.

Nun bist du an der Reihe! Trage in die linke Spalte wieder deine drei Hauptmotive ein und überlege,

- was dich im Hinblick auf sie stresst,
- was dir Energie und Kraft raubt,
- was dir im Gegenzug wichtig ist und
- was dir Energie und Kraft verleihen würde.

Motiv	Was stresst mich und raubt mir Energie?	Was gibt mir Kraft, was brauche ich, um zufrieden zu sein?

So, wir hoffen, dass du dich durch dieses Denkzeug nun schon ein bisschen besser kennengelernt und ein Verständnis dafür entwickelt hast, wo deine Stressfelder ihren Ursprung haben könnten. Im Verlauf des Buches wird dich das Wissen um deine Motive immer wieder unterstützen.

Bonus: Auf unserer Website www.anti-burnout-buch.de kannst du dein persönliches Profil der inneren Motive mit dem anderer Leser vergleichen. Dazu benötigst du folgenden Zugangscode: 1AG2012.

Was hält mich fest im Stress?

Kommen wir nun zu den Faktoren, die uns förmlich im belastenden Stresszustand festhalten und uns daran hindern, zu einer gesunden Balance aus Verpflichtungen und Ruhezeiten zu kommen. Auch hier stehen wir uns wieder überwiegend selbst im Wege, denn es sind innere Faktoren, die uns blockieren:

- übertriebene Ängste
- mangelndes Selbstwertgefühl
- negative Glaubenssätze
- Verhaltensweisen, die wir von unseren Eltern übernommen haben und gegen die wir uns heute immer noch wehren
- schwierige Entscheidungen

Die folgenden fünf Denkzeuge helfen dir, diese bremsenden Faktoren zu erkennen und aufzulösen.

DENKZEUG #5:
ÄNGSTE – DER SCHMALE GRAT ZWISCHEN SCHUTZ UND HINDERNIS

WORUM GEHT'S?

Ängste können uns gefangen halten, lähmen und sogar davon abhalten, selbstbestimmt zu leben. Besonders in belastenden und stressigen Situationen harren wir oft zu lange aus, weil wir vor Veränderungen und deren Konsequenzen Angst haben. Diese Ängste gilt es zu bezwingen.

ZIEL DES DENKZEUGS

Die eigenen Ängste zu verstehen, sie neu einzuordnen und zu bewerten. Du lernst, welche bedrohlich erscheinenden Ereignisse sich durch dein Handeln kontrollieren lassen und welche nicht. Dadurch erweiterst du deine Komfortzone nach und nach.

ÄNGSTE – SCHUTZ ODER BREMSE?

Angst ist eine natürliche Schutzfunktion des Körpers, die uns seit jeher vor Gefahren bewahrt. Angst kann aber auch zum ernsthaften Hindernis in unserem Leben werden, sobald sie uns aus den verschiedensten Gründen festhält und dadurch unsere persönliche Weiterentwicklung blockiert. Insbesondere Situationen, aus denen wir uns schleunigst befreien sollten, entkommen wir dann nicht. So fällt es dem Angestellten, der gemobbt wird, nicht leicht, zu kündigen, weil er sich nicht sicher sein kann, dass er wieder eine gleichwertige Arbeit findet. Oder die misshandelte Frau verlässt ihren Mann nicht, weil sie finanziell von ihm abhängig ist. Warum ist das so?

Der überwiegende Teil unseres Lebens spielt sich in einer so genannten Komfortzone ab, in der wir uns sicher fühlen. Im Freundeskreis, bei der Arbeit, am Wohnort und im Alltag finden meist nur kleine Veränderungen statt. Wir fühlen uns sicher, weil wir aus Erfahrung ziemlich genau wissen, was uns erwartet. Das heißt aber nicht, dass größere Bewegungen in diesem Kreis keine Unruhe verursachen können. Die Entlassung eines Kollegen in der Firma oder die Scheidung eines Paares im engen Freundeskreis kann regelrechte Schockwellen erzeugen, die das ganze System infrage stellen. Ängste entstehen nicht nur, weil man eine negative Erfahrung selbst gemacht hat, sondern auch durch Übertragung, sozusagen aus zweiter Hand.

Zurückgebliebene Mitarbeiter, deren Kollege entlassen wurde, haben plötzlich ebenfalls Angst um ihren Arbeitsplatz und fühlen sich oft sogar mitschuldig daran, weil es sie nicht erwischt hat. Sie beginnen, an der Sicherheit des Arbeitsplatzes zu zweifeln, und erleben dabei das sogenannte »Survivor-Syndrome«: Obwohl sie dankbar sein sollten, dass sie ihren Arbeitsplatz behalten durften, fangen sie an, ihren Chef zu hassen, weil die gleiche Arbeitslast auf weniger Leute verteilt wird. Sie sind gestresster und können sich nicht mehr mit ihrem Arbeitgeber identifizieren. Bei einer Trennung stellen sich die verbleibenden Paare im Freundeskreis auf einmal die Frage, ob sie wirklich bereit sind, bis ans Lebensende zusammenzubleiben, oder ob sie vielleicht auch einen Neustart versuchen sollten – denn augenscheinlich ist das ja möglich.

Viele Menschen sind jedoch erst dann bereit, große Veränderungsschritte zu wagen, wenn sie genau wissen, was sie erwartet. In seinem

Buch *Grundformen der Angst*[6] nennt der Psychologe Fritz Riemann solche Menschen »Trockenkursler« und erzählt dazu das Beispiel von einem Mann, der sagt: »Ich gehe erst ins Wasser, wenn ich schwimmen kann.« So werden wir aber nie schwimmen lernen.

Damit wir also auf große Veränderungen reagieren oder sie sogar selbst anstoßen können, müssen wir nach und nach unsere Grenzen erweitern und sie manchmal auch überschreiten. Dazu ist es hilfreich, unsere Komfortzone und inneren Motive (siehe Kapitel 5, Denkzeug #4) genau zu kennen. Je nachdem, welche inneren Motive bei uns sehr ausgeprägt sind, unterscheiden sich auch die Art und das Maß unserer Ängste.

Menschen mit einer starken Ausprägung im Bereich »Abenteuerlust/ Belastbarkeit« weisen weniger Ängste auf als die meisten anderen Menschen. Bei Menschen mit einem starken Motiv »Finanzielle Sicherheit« besteht die Hauptangst darin, dass sie ihr komplettes Vermögen verlieren könnten und deswegen eventuell einmal hungern müssen. Menschen mit einem starken Unabhängigkeitsmotiv fürchten sich davor, abhängig zu werden. Menschen, deren Gesundheitsmotiv stark ausgeprägt ist, sorgen sich, unheilbar krank zu werden. Menschen mit einer besonderen Ausprägung im Bereich »Bewahren« möchten alles festhalten, was sie besitzen. Das betrifft nicht nur das Materielle, sondern auch das Immaterielle. Je stärker also das innere Motiv »Bewahren« ist, desto mehr fürchten wir uns vor Veränderung und versuchen, sie zu vermeiden. Diese Angst hängt mit einer Urangst zusammen: der Angst vor dem Tod. Sie kann sowohl bewusst als auch unbewusst wirken.

Eine Veränderung bringt immer etwas Neues mit sich, wodurch man gleichzeitig etwas Bestehendes loslassen muss. Das konfrontiert uns aber mit der Tatsache, dass alles vergänglich ist, auch unser Leben. Dem wollen wir uns oft nicht stellen. Nur hilft es nichts – wir müssen uns damit auseinandersetzen. Das Leben ist ein langer Fluss in ständiger Bewegung. So war es immer schon und so wird es auch immer bleiben. Je vehementer wir dagegen ankämpfen, desto mehr schwimmen wir gegen den Strom. Dass das äußerst anstrengend und auf Dauer nicht durchzuhalten ist, müssen wir nicht extra betonen. Die Zauberformel heißt also: »Loslassen können!«

Bei der folgenden Übung geht es uns nun darum, dass wir zuerst unsere Ängste erkennen, sie dann hinterfragen und einordnen, um sie schließlich zu überwinden und loszulassen.

---

[6]   Fritz Riemann, Grundformen der Angst: Eine tiefenpsychologische Studie, Reinhardt Verlag, 2009.

WIE DU DEN GROSSTEIL DEINER ANGST IN 5 MINUTEN VERLIERST

Bei den folgenden Übungen stellst du dich den Ängsten, die dich un-mittelbar selbst betreffen und die du durch bewusstes Handeln beein-flussen und somit neutralisieren kannst.

a) Ängste, die du in der Vergangenheit bereits einmal bezwungen hast

Erinnere dich an Situationen, in denen du Ängste hattest, die dir auch heute noch zu schaffen machen und aus denen du als Sieger hervorge-gangen bist, weil du etwas gewagt oder dagegen getan hast.

Frag dich also: Welche meiner Ängste konnte ich schon einmal er-folgreich überwinden?

Wann und wie habe ich meine Angst durch Handeln schon einmal über-wunden?	
Wovor hatte ich Angst?	Wie habe ich sie überwunden?
Vor rohem Fleisch und Trichi-nen	Vor neuer französischer Ur-laubsbekanntschaft angegeben und rohes Schweinetatar geges-sen, ohne tot umzufallen
Vor Vorstellungsgespräch und Absage	Mich beworben, das Vorstel-lungsgespräch gut vorbereitet wahrgenommen und den Job bekommen
Die Führerscheinprüfung nicht zu bestehen	Prüfung trotzdem gemacht und bestanden
Eigene Beispiele:	

Jedes Mal, wenn wir ein unerwartetes Ereignis durch unser Handeln kontrollieren können, verliert es sofort ein wenig an Schrecken. Das hast du dir nun selbst vor Augen geführt.

b) Ängste, die du in Zukunft durch Handeln besiegen kannst

Mache dir jetzt deine gegenwärtigen Ängste klar, auf die du in Zukunft durch dein Handeln Einfluss nehmen kannst. Lies dir zunächst die Beispiele durch und trage dann deine eigenen Ängste ein.

Dinge, die mir Angst machen, die ich aber durch mein Handeln in den Griff bekommen kann	
Wovor habe ich Angst?	Was kann ich dagegen tun?
Jobverlust	Mir meiner Stärken und Fähigkeiten bewusst werden
	Mich als Experte positionieren
	Bewerben
	Selbstständig machen
	Mich weiterbilden

Krankheit	Achtsam mit meinem Körper umgehen
	Mich gesund ernähren
	Regelmäßig Vorsorgeuntersuchungen wahrnehmen
	Probleme nicht lange ausbrüten, sondern lösen
Trennung vom Partner	Die Wünsche des Partners ernst nehmen
	Meine eigenen Wünsche äußern
	Respektvoll und wertschätzend miteinander umgehen
	Den anderen nicht als selbstverständlich nehmen
Allein sein	Einem Verein beitreten
	Reisen mit Gruppen unternehmen
	Freunde einladen
	Mich bei einer Partnerbörse anmelden
	In eine WG ziehen
Geldprobleme	Risiken absichern
	Nicht mein ganzes Gehalt einplanen, sondern einen Teil davon sparen
	Dinge ausleihen statt zu kaufen
	Dinge gegen Gebühr verleihen
Eigene Beispiele:	

Wie du siehst, hat man immer die Möglichkeit, Ängsten durch beherztes Handeln entgegenzutreten und sie auf ihren Platz zu verweisen. Wenn du also verhindern willst, dass die Dinge, vor denen du Angst hast, eintreten, handle jetzt und tu etwas dagegen! Dann erst kannst du diese Ängste »in die Tonne treten« und schnell vergessen.

WIE DU AUCH DEN REST DEINER ÄNGSTE IN DEN GRIFF BEKOMMST

Bei dieser Übung geht es um die Ängste, die sich *außerhalb* deiner Kontrolle befinden und die du nicht oder nur schlecht beeinflussen kannst. Deswegen sind diese Ängste auch etwas schwieriger zu handhaben. Frag dich:

Auf welche meiner Ängste habe ich keinen Einfluss?
Beispiele:

- Älter werden
- Unfälle (z. B. Flugzeugabsturz)
- Eine Behinderung erleiden (z. B. erblinden)
- Opfer einer Gewalttat werden
- Krieg
- Naturkatastrophen
- Tod meines Partners
- Sterben

Meine Ängste:

_____

_____

_____

_____

_____

Dies sind also, deine – vermeintlich – unkontrollierbaren Ängste. Frag dich:

a) Habe ich schon einmal so etwas erlebt?

☐ Nein, noch nie   ☐ Ja, ein Mal   ☐ Ja, schon öfter

b) Wenn ja, was hat mir damals geholfen, dieses Erlebnis zu bewältigen?

_____

_____

Wenn du schon einmal so ein Erlebnis gut überstanden hast, dann sollte dich das etwas beruhigen, denn die Chancen stehen gut, dass es dir wieder gelingt. Falls du noch nicht ganz überzeugt bist, kannst du dich fragen, wie hoch die Wahrscheinlichkeit ist, dass dir heute, morgen, nächste Woche, nächsten Monat, im nächsten Jahr noch einmal so etwas passiert. Lege dir dazu Statistiken zugrunde und berechne sie prozentual. Wir wissen beispielsweise, dass 2010 auf Deutschlands Straßen 3648 Menschen starben. Das ist ein Verhältnis von unter 1 : 10 000 der im Straßenverkehr Getöteten zur Anzahl der motorisierten Fahrzeuge.[7] Die Wahrscheinlichkeit, einen tödlichen Unfall auf deutschen Straßen zu erleiden, liegt also unter 0,01 Prozent.

Dale Carnegie gibt in seinem Bestseller *Sorge dich nicht – lebe!* einen perfekten Tipp zur Angstbegrenzung. Er empfiehlt, in Tageseinheiten zu leben und sich nur auf das zu konzentrieren, was man heute schaffen und erledigen muss. Am nächsten Tag kümmert man sich dann um das, was dann fällig ist, und so weiter. Dadurch können wir die Dinge, die weit entfernt sind, komplett aus unserem Leben verdrängen und müssen uns nicht um etwas Sorgen machen, das heute noch gar nicht zur Debatte steht.

Für den Rest gilt die folgende gute Nachricht: Niemand weiß, ob die Ereignisse, vor denen wir uns fürchten, je eintreten werden oder nicht (abgesehen vom Tod – aber darum kümmern wir uns im nächsten Abschnitt). Falls die Ereignisse *nicht* eintreten, hast du dich die ganze Zeit umsonst geängstigt und somit wertvolle Zeit und Energie verschwendet. Falls es so weit kommen sollte und sie doch eintreten, wirst du bestimmt einen Weg finden, damit umzugehen – wie bereits viele andere Menschen vor dir.

DEINE KOMFORTZONE SCHRITTWEISE ERWEITERN UND DICH MENTAL STÄRKEN

Mit der nächsten Übung knüpfen wir an dem Beispiel an, dass wir nie schwimmen lernen, wenn wir uns nicht ins Wasser wagen. Wir müssen also ab und zu auch einmal etwas riskieren, um unseren Ängsten den Garaus zu machen.

Denke daher erst über die Dinge nach, die du bereits jeden Tag ohne Angst tust und von denen andere sagen: »Das könnte ich nie!« Zum

---

[7]   Quelle: Statistisches Bundesamt (Hrsg.), Unfallentwicklung auf deutschen Straßen 2010, Begleitmaterial zur Pressekonferenz am 6. Juli in Berlin, Wiesbaden 2011.

Beispiel auf einer Party wildfremde Leute ansprechen, vom Zehn-Meter-Brett springen oder mit deinem Chef ganz offen darüber reden, wenn er unsinnige Vorgaben macht. Trage diese Punkte in der Grafik ganz links in das Segment »Meine Komfortzone« ein.

In die drei nächsten Kreissegmente (wenig, mittel, viel Angst) überträgst du deine noch bestehenden Ängste aus den vorhergehenden Übungen und sortierst sie entsprechend ein.

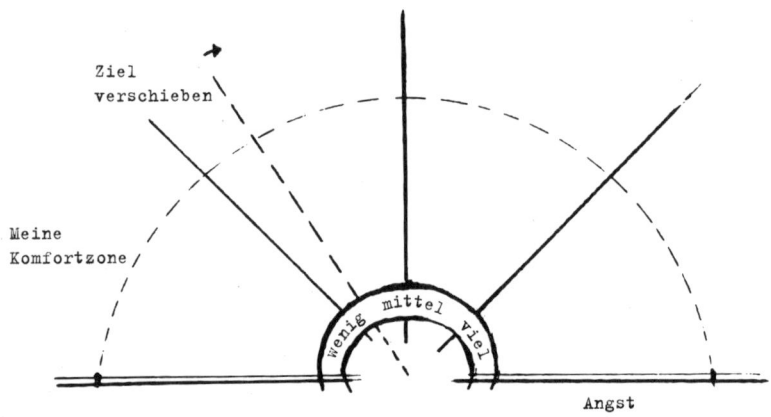

Schau dir dein Bild an und wähle aus dem Segment, das sich direkt rechts neben deiner Komfortzone befindet, drei Ängste aus, die dir bisher nur wenig zu schaffen machen. Bei der ersten Gelegenheit, die sich dir bietet, bezwingst du diese drei Ängste durch Handeln und *erweiterst* damit deine Komfortzone. Dadurch verschiebt sich die gestrichelte Linie nach rechts. Nach und nach gehst du somit deinen verbleibenden Ängsten an den Kragen, bis du sie alle im Griff hast.

ZU GUTER LETZT: DIE ANGST VOR DEM STERBEN VERLIEREN

Anstatt mit einer Übung möchten wir dich mit zwei Geschichten zum Nachdenken anregen, die aufzeigen, dass die Angst vor dem Tod einen im Leben nicht weiterbringt und nur belastend ist.

John Selby erzählt in seinem Buch *Was mich stark macht* von einem vermögenden Geschäftsmann, der trotz sicheren Ruhestands in paradiesischer Umgebung nicht zur Ruhe kam und keine Freude empfinden konnte. Er sorgte sich tagtäglich um sein Vermögen und glaubte, den Finanzmarkt ständig beobachten zu müssen, um nicht durch den kleinsten Fehler alles zu verlieren, dass er schließlich vor lauter Stress und Sorge mit chronischen Verdauungsproblemen und Magengeschwüren zu kämpfen hatte. John Selby stellte ihm die Frage, was denn das Schlimmste daran sei, wenn er alles verlieren würde. Der Geschäftsmann antwortete, dass er dann ja mittellos wäre. Darauf fragte John Selby wieder, was denn das Schlimmste daran sei. So ging es weiter, bis sie schließlich an dem Punkt ankamen, wo der Geschäftsmann auf eine Frage entgegnete, dass er dann sterben müsse. Sie spielten auch dieses Szenario durch und dem Geschäftsmann wurde bewusst, dass es bis dahin ein sehr langer Weg sein würde und er mit Sicherheit schon in den einzelnen Phasen zuvor jeweils Lösungen finden würde. Er erkannte, dass er sich tagtäglich Sorgen um etwas machte, das nie eintreten würde, denn schließlich war er ja nicht deshalb so erfolgreich geworden, weil ihm das alles einfach in den Schoß fiel, sondern weil er in seinem Leben allerhand dafür getan hatte.

Stell dir auch einmal vor, wie der schlimmste Weg bis in den Tod aussehen könnte, und frag dich dann, was du alles dagegen tun könntest, damit es sich so nicht abspielt.

Die zweite Geschichte stammt von Felix Dennis, einem britischen Milliardär, der in seinem köstlichen Buch *How to get rich* beschreibt, dass Furcht und Angst die größten Feinde des Unternehmertums seien. In seinem letzten Kapitel bringt er das Thema auf den – wenn auch stark übertriebenen – Punkt:

»»Fürchte nichts‹ ist leicht dahergesagt. Viel Glück dabei! Das Leben ist hart und am Schluss stirbst du. Gewöhne dich daran. Was gibt es denn schon zu befürchten? Alles und nichts. Ich bin ein kleiner Wurm auf einem unbedeutenden Planeten, der in einem gemeinen Universum um eine bedeutungslose Sonne kreist. Ich werde sterben, so wie alles, was läuft, atmet, wächst, fliegt, krabbelt oder schwimmt. Eines Tages wird mein Planet sterben. Lange danach wird auch die Sonne sterben und die Erdoberfläche wird dunkel sein.

Armeen und Regierungen fürchten sich am meisten vor Frauen und Männern, die wissen, dass sie bald sterben werden, denn sie haben nichts mehr zu verlieren. Sie werden jede grausame Tat begehen und so viele Menschen wie möglich mit in den Tod ziehen. DU musst jetzt dieser todgeweihte Mensch werden. Du wirst sterben. Nichts kann diese Tatsache verhindern oder aufhalten. Ich weiß, es ist unverständlich und ungerecht.

Aber: Es macht dich auch FREI. Was spielt denn noch eine Rolle, wenn du sowieso sterben wirst? ABSOLUT NICHTS MEHR! Schreib dir das gleich hinter deine verängstigten Ohren. Versuche nur für einen Tag, deine Angst zu begraben, zu zerquetschen, sie auszulöschen. Die Angst, dich lächerlich zu machen. Die Angst vor dem Chef. Die Angst, deinen Partner zu verlieren. Die Angst, deinen Job zu verlieren. Die Angst vor allem Möglichen. Die Angst wird sich morgens um drei wieder in dein Bewusstsein schleichen. Hau der Angst eins in die Fresse. Lach sie aus. Spucke drauf. Los jetzt, ich fordere dich heraus: Alles, was dich davon abhält, reich zu werden, ist deine Angst. Nimm dir, was dir gehört! Hör auf, das Opfer zu spielen. Lass dich nicht von deiner Angst beherrschen. Lass dich nicht mehr von anderen unterdrücken. Besser, andere fürchten dich, als dass du sie fürchtest. Nichts ist schlimmer als die Wahrheit, dass nach ein paar Millionen Umkreisungen eines toten Felsens um eine sterbende Sonne nichts mehr von dir, deinem Stamm, deiner Rasse oder deinen Besitztümern übrig bleiben wird.

Aber für einen kurzen Augenblick, für die Länge eines Herzschlages im Leben des Planeten, wird ein kleiner Wurm, der denkt, er sei ein Tiger, reich sein!«

DENKZEUG #6:
SELBSTWERTGEFÜHL – JEDER IST EIN GENIE

WORUM GEHT'S?

Mangelndes Selbstwertgefühl ist eine der Kernursachen für großen Stress. Jedes Mal, wenn wir uns nicht trauen, Nein zu sagen, und uns dadurch immer mehr aufbürden, weil wir meinen, uns beweisen zu müssen, jedes Mal, wenn wir den Verlust des Jobs, der Partnerschaft oder unserer finanziellen Sicherheit befürchten, kann uns das dem Burnout ein Stück näher bringen. Wären wir uns jedoch unserer Stärken und Fähigkeiten bewusst, gingen wir wesentlich gelassener und mit viel weniger Druck durchs Leben.

ZIEL DES DENKZEUGS

Deine Talente, Stärken und Fähigkeiten herauszuarbeiten und dich damit stark und selbstbewusst zu machen. Den Mut zu bekommen, Nein zu sagen und damit den Aufgabenberg und dadurch entstehenden Stress in Schach zu halten.

WIE MAN SEIN SELBSTWERTGEFÜHL STEIGERT

Schau dich einmal um und beobachte die Menschen, die von sich behaupten, sie wären zufrieden, oder die zumindest so auf dich wirken. Wahrscheinlich haben nicht alle von ihnen weniger Stress oder weniger um die Ohren als du. Nein, es sind vielmehr Menschen, die über ein hohes Maß an Selbstwertgefühl verfügen. Sie sind sich dessen, was sie können, bewusst, ruhen in sich selbst, sehen vieles gelassener und haben es nicht nötig, sich jedes Mal wichtig zu machen, wenn ihnen etwas gelingt, oder anderen die Schuld in die Schuhe zu schieben, wenn etwas schiefläuft. Sie sind sich ihrer selbst sicher und wissen, was sie wert sind.

Das können wir alle erreichen. Wir müssen uns nur unserer Stärken bewusst werden, sie wertschätzen und dann zielgerichtet einsetzen. Damit lassen wir uns selbst die verdiente Anerkennung zuteil werden und uns nicht mehr so leicht zum Spielball machen und ausnutzen.

Wer nicht weiß,

- worin er gut ist,
- was ihm Spaß macht,
- wohin er will,

der wird folglich auch nirgendwo ankommen. Die eigenen Stärken nicht zu kennen hat schwerwiegende Konsequenzen im beruflichen und privaten Bereich. Diese Nachteile können im beruflichen Bereich folgendermaßen aussehen:

- Du suchst dir deine Jobs nicht anhand deiner Stärken aus, sondern folgst Gelegenheiten, die sich ergeben. Dabei besteht die Gefahr, einer uninteressanten Arbeit nachgehen zu müssen oder zu wenig bezahlt zu bekommen, weil du bei der Bewerbung vielleicht zu unsicher warst und nicht genau ausdrücken konntest, worin du Experte bist. Im falschen Job zu arbeiten und nicht leistungsgerecht bezahlt zu werden verursacht aber mit Sicherheit auf Dauer Frust und Stress und ist außerdem schlecht fürs Selbstwertgefühl – eine Negativspirale.

- Du hast ständig Angst um deinen Job, weil du denkst, du wärst leicht zu ersetzen. Bist du dir aber deiner Stärken und Einzigartigkeit bewusst, kannst du den Spieß umdrehen und dich unersetzlich machen.

Dann wird dein Arbeitgeber plötzlich von dir abhängig sein und du brauchst keine Angst mehr davor zu haben, den Job zu verlieren.

• Falls du dich selbstständig machen willst, kannst du dich auf dem Markt nicht optimal positionieren, weshalb deine Kunden deinen Nutzen nicht erkennen und deine Leistungen nicht beanspruchen.

Gleichermaßen können sich im privaten Bereich Nachteile ergeben, wenn du deinen Stärken nicht kennst:

• Hausfrauen/-männer, Rentner, Arbeitslose und Sozialhilfeempfänger sind für Burnout anfällig, weil ihre Arbeit nicht wertgeschätzt wird und sie dadurch das Gefühl bekommen können, wertlos zu sein.

• Hausfrauen- und Hausmänner, die sich nach der Geburt des ersten Kindes gegen einen Wiedereinstieg in den Beruf entscheiden, um dem Partner für die berufliche Karriere den Rücken freizuhalten, fungieren heute wie eigenständige Kleinstunternehmen, die gemanagt werden müssen und einen straffen Zeitplan erfordern. Dieser umfasst Kindererziehung, Haushalt, Garten, Finanzen, Hausreparaturen, Erledigungsfahrten, Krankenschwester für die Schwiegereltern spielen und vieles mehr. Anerkennung gibt's dafür nur selten, weder materiell noch emotional. Auch hier drohen totale Erschöpfung und Burnout.

• Bei Arbeitslosen, die mit dem Verlust ihres Jobs erst einmal fertigwerden müssen, tut der soziale Abstieg sein Übriges. Der Weg aus der Selbstwertmangel-Abwärtsspirale ist meist nur schwer zu finden. Erhöhter Alkoholkonsum, Krankheiten und Depression bis hin zu Suizid sind die schlimmen Folgen.

WIE WIR STÄRKEN DEFINIEREN

Wichtig ist, dass man Stärken nicht nur als etwas sieht, das mit »Wissen haben oder anhäufen« zu tun hat, sondern das Entscheidende ist, dass du sie einsetzen kannst. Einer unserer Freunde, der schnelle Autos liebt, drückte diese Erkenntnis einmal recht treffend aus: »Wissen allein ist noch keine Stärke, wenn du deine PS nicht auf die Straße kriegst.« In diesem Sinne will auch unser Slogan »Vom Denken zum Tun« verstanden werden.

Es geht an dieser Stelle nicht darum, herauszufinden, wozu du dich berufen fühlst oder was du wirklich im Leben beruflich tun möchtest, sondern darum, deine Talente und Fähigkeiten besser kennenzulernen und daraus Kraft zu gewinnen. Zu diesem Zweck untersuchen wir, welche deiner Stärken dein Umfeld (inklusive Arbeitgeber) so sehr schätzt, dass man dich sogar dafür bezahlt. Denn wie sagt eine amerikanische Weisheit so schön:

> »Wer für seine Tätigkeit nicht bezahlt wird, hat keine Arbeit, sondern ein Hobby.«

DAS STÄRKENMODELL

Wir haben ein Stärkenmodell entwickelt, das sehr gut zeigt, wie viele unterschiedlichen Aspekte und Facetten der Begriff »Stärken« hat und wie man mit ihnen umgehen sollte. Daraus wird ersichtlich, dass wir zwar viele unterschiedliche Stärken haben, aber dass nicht alle immer zum Tragen kommen oder für andere nützlich sein müssen. Im Idealfall findest du die größtmögliche Schnittmenge der Stärken, die du hast und einsetzen willst, und der, die von dir gefordert werden.

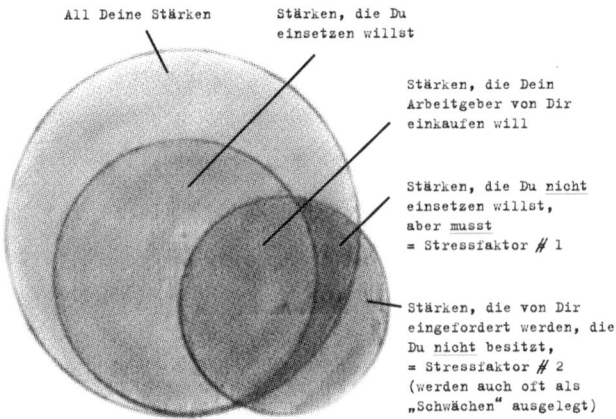

All Deine Stärken

Stärken, die Du einsetzen willst

Stärken, die Dein Arbeitgeber von Dir einkaufen will

Stärken, die Du nicht einsetzen willst, aber musst = Stressfaktor # 1

Stärken, die von Dir eingefordert werden, die Du nicht besitzt, = Stressfaktor # 2 (werden auch oft als „Schwächen" ausgelegt)

All deine Stärken: Die Stärken, Kenntnisse und Fähigkeiten, die du dir im Laufe deines Lebens angeeignet oder erworben hast, sind im großen Kreis abgebildet.

Stärken, die du einsetzen willst: Der mittlere Kreis repräsentiert die Stärken, die du gerne einsetzt oder einsetzen möchtest, weil du große

Freude und Begeisterung dabei empfindest und sie dir im Tun Energie geben oder – noch besser – dich in einen Flow bringen.

Stärken, die dein Arbeitgeber (oder Kunden) von dir einkaufen und nutzen wollen: Im kleinen Kreis befinden sich deine Fähigkeiten und Stärken, für die ein Arbeitgeber bereit ist, dich zu bezahlen, weil er sie *benötigt*. Dabei wird man deine Stärken und Fähigkeiten umso mehr zu schätzen wissen und honorieren, je einzigartiger sie sind. Wie du sehen kannst, stimmt hier dieser kleine Kreis nicht vollständig mit allen Stärken überein, sondern nur mit einem Teil. Je größer die Schnittmenge also ist, desto besser ist es für beide Seiten.

Denke kurz darüber nach und zeiche deine persönliches Stärkenmodell in deiner jetzigen Situation auf.

Stressfaktoren im Bereich der Stärken: Je nachdem, wie groß deine Kreise sind und wie sie sich überlappen, kann das zu mehr oder weniger Stress führen. Stress bereiten einem dabei überwiegend die folgenden drei Konstellationen:

1. Stärken, die du nicht einsetzen willst, aber musst

Sehr wahrscheinlich gibt es auch bei dir eine Schnittmenge an Stärken, über die du verfügst und die wertvoll für andere sind, die du aber nicht unbedingt einsetzen willst. Etwa weil du sie dir aneignen musstest. Dazu zwei Beispiele:

- Michaela wuchs im Pensionsbetrieb ihrer Eltern auf und lernte dabei, Gästezimmer extrem schnell aufzuräumen und gründlich zu putzen. Das kann sie richtig gut und ist heute sicherlich eine ihrer Stärken, die sie aber beruflich nicht einsetzen will, weil es ihr einfach keinen Spaß macht.

- Oliver eignete sich in seiner Agentur im Laufe der Jahre die Fähigkeit an, Webseiten zu programmieren und Suchmaschinenmarketing zu betreiben. Da ihm diese Arbeiten aber keine besondere Freude bereiten, will er sie heute nicht mehr unbedingt machen.

Trotzdem sollten wir diese Stärken nicht außer Acht lassen. Denn auch wenn wir sie im Alltag nicht nutzen wollen, fungieren sie doch als wichtige Stütze für unser Selbstwertgefühl und verleihen uns unterschwellig ein Gefühl der Sicherheit. Schließlich wissen wir, dass wir damit immer wieder Geld verdienen könnten, wenn wir es müssten. Und allein diese Gewissheit verschafft uns große Sicherheit und ein gehöriges Maß an Gelassenheit.

2. Stärken, die von dir gefordert werden, die du aber nicht besitzt

Manchmal werden von uns Stärken gefordert, die wir gar nicht vorweisen können, und das setzt uns ziemlich unter Druck. Ein klassisches Beispiel: Ein sehr kompetenter Facharbeiter wird zum Chef seiner Abteilung befördert, weil man ihn aufgrund seiner hervorragenden Leistungen belohnen will. Wer das Zeug zum sehr guten Facharbeiter hat, verfügt aber nicht unbedingt zugleich über die Fähigkeiten, die einem guten Chef abverlangt werden: Mitarbeiterführung, Empathie, Kenntnisse über den Umgang mit Budgets usw. Plötzlich hat man völlig neue Aufgaben und es sind ganz andere Stärken gefragt. Das kann einen schnell überfordern. In so einem Fall kommt es häufig zum Burnout.

Oft wird uns so etwas dann auch noch als Schwäche ausgelegt. Dagegen sollte man sich aber wehren, denn generell bringt es nach unserer Erfahrung mehr, sich auf bestehende Stärken zu konzentrieren und sie weiter auszubauen, statt sich darauf zu konzentrieren, die eigenen Schwächen abzubauen. Wenn du extrem gut in einem Bereich bist, zum Beispiel als Werbetexter im Schreiben, dann ist es Nebensache, ob du im Finanzwesen Schwächen hast. Wer definiert überhaupt, was »Schwäche« ist? Du selbst? Oder dein Gegenüber? Genau genommen gibt es sowieso keine Schwächen, denn *niemand* kann alles können.

3. Wenn deine Stärken gar nicht eingesetzt werden

Ein letzter Fall, der dich stressen kann und der in der Grafik gar nicht aufgeführt ist, tritt dann ein, wenn deine Stärken *nicht* eingesetzt werden und du ständig *unterfordert* bist. Es kann beispielsweise passieren, dass der Auszubildende gerade krank ist, du als Abteilungsleiter in den sauren Apfel beißen und Umschläge zukleben musst, weil ein Mailing an 3000 Kunden versendet werden soll. Das ist kurzfristig machbar, aber wenn so ein Zustand länger anhält, wird das zum Problem. Dann kann es zum sogenannten »Bore-out« (»sich zu Tode langweilen«) kommen, weil dauerhafte Unterforderung genauso stressen kann wie permanente Überforderung.

Michaelas Erfahrungen mit dieser Übung

Ich spüre noch heute genau die Emotionen, die in mir hochkamen, als ich in einem Gruppenworkshop diese Übung zu meinen Stärken machen sollte. Ein Thema, das mir eigentlich schon vertraut war, da ich es bereits von vielen Büchern in meiner Ausbildung kannte und mit mir selbst geübt hatte. Ein leichtes Spiel also – dachte ich. Aber diese Übung hatte es in sich. Mir war bewusst, dass mein Selbstwertgefühl nicht gerade stark war und ich ständig selbst an mir herummeckerte. Aber dass es daran so sehr mangelte und letztlich eine der Ursachen für meinen Burnout darstellte, wurde mir erst in den nachfolgenden Stunden so richtig klar.

Als erste Aufgabe sollten wir im Kopf 30 Stärken sammeln. 30! Puh – da hatte ich schon zu kämpfen. Fünf bis zehn gehen ja noch, aber 30? War das nicht ein wenig übertrieben oder gar überheblich? Aber gut. Ich versuchte es und blieb – wie erwartet – nach ungefähr zehn schon stecken. Die Übung war mir peinlich. Ich wollte nicht wie ein aufgeblasener arroganter Möchtegern rüberkommen. So viele Stärken besaß ich nun wirklich nicht.

Aber es ging noch weiter. Als Nächstes sollten wir alle 30 Stärken auf ein Blatt schreiben. Uff – da kam ich wirklich ins Schleudern. Jetzt auch noch alles schwarz auf weiß niederschreiben! Das war zu viel. Meine Trainerinnen merkten es und kamen mir zu Hilfe. Schließlich gelang es ihnen, mir mit ihren liebevollen Fragen noch zwei, drei weitere Stärken zu entlocken. Aber innerlich spürte ich schon den gewaltigen Kampf mit mir selbst. Ich dachte nur: »Michaela, reiß dich zusammen, es ist nur eine Übung und gleich ist alles vorbei!«

Leider war meine Hoffnung vergeblich. Die Übung gipfelte darin, die 30 Stärken vor der ganzen Gruppe laut und selbstbewusst vorzulesen. Ich spürte, wie die Tränen hochkamen. Um sie zu unterdrücken und mir nichts anmerken zu lassen, ließ ich den anderen erst einmal den Vortritt. Als ich aber sah, wie locker es den anderen über die Lippen ging, war es aus mit mir. Alles drehte sich in meinem Kopf. Sobald ich an der Reihe war, versagte meine Stimme

*Stimme bereits bei der zweiten Stärke, und nichts ging mehr. Trä-
nen kullerten über mein Gesicht. Ich konnte es nicht verhindern.
Die Übungsstunde war damit beendet.*

*Im anschließenden Gespräch mit den Trainerinnen wurde mir
dann einiges klar. Durch mein mangelndes Selbstwertgefühl hatte ich in der Vergangenheit immer dienstbereit alle Aufgaben und
Verantwortung auf mich genommen – in der Hoffnung, dafür Anerkennung und Liebe zu ernten. Aber tatsächlich fehlte mir, dass
ich mich selbst anerkannte und liebte. Ein schriftlicher Stärken-
pakt mit mir selbst, den ich anschließend als weitere Übung in
Olivers Buch* Alles anders *fand, half mir Schritt für Schritt, meine Stärken zu entdecken, sie stolz anzunehmen und somit mein
Selbstwertgefühl nachhaltig zu steigern.*

*Heute weiß ich ziemlich genau, was ich kann, wo meine Grenzen
liegen und worauf ich aufpassen muss. Ich habe gelernt, mich
selbst wertzuschätzen, auf mich zu achten und zum rechten Zeitpunkt Nein zu sagen – auch wenn es mir immer noch schwerfällt.
Aber zumindest weiß ich mittlerweile, warum es mir schwerfällt –
und das hilft mir sehr.*

SO FINDEST DU DEINE STÄRKEN HERAUS

Ein paar einfache Fragen reichen bereits aus, um herauszufinden, worin du wirklich gut bist. Dazu musst du nicht unbedingt erst teure psy-
chologische Tests machen. Vielleicht wird es seine Zeit dauern, bis du
zu deinen Stärken und Fähigkeiten stehen kannst. Und womöglich
traust du dich auch noch nicht sofort, alle an die Oberfläche kommen
zu lassen. Aber das macht nichts. Fang einfach damit an. Du wirst sehen: Je mehr du zu dir und deinen Stärken stehst, desto besser wirst
du dich fühlen und desto näher werden deine Ziele und Träume rücken. Setze sie jeden Tag bewusst und so gut es geht ein und sei stolz
darauf. Wenn du beispielsweise davon träumst, Autor/in zu werden,
hieße das in der Praxis, nicht 20 Jahre darauf zu warten, sondern lieber
schon einmal jeden Tag ein paar Seiten zu schreiben und sie zumindest deinen Freunden zu zeigen.
  Kommen wir nun zur nächsten Übung:

1. Zunächst einmal überlegst du dir so viele Stärken und Fähigkeiten, wie dir einfallen, und schreibst sie auf ein Blatt Papier.

2. Sobald dir nichts mehr einfällt, liest du die unten stehenden Fragen durch, um weitere Stärken zu finden.

3. Ergänze sie auf deiner Liste.

4. Anschließend liest du sie jemandem *laut* vor (diese Stufe auf keinen Fall auslassen!).

5. Danach versiehst deine Liste mit dem heutigen Datum und fügst hinzu: »Das bin ich heute!« Du setzt deine Unterschrift darunter und bewahrst die Liste an einer Stelle auf, wo du sie immer sehen kannst. Sie wird dich dauerhaft stolz machen und dir Kraft geben.

Welche Stärken, die ich einsetzen kann, fallen mir spontan ein?

_____

Was beherrsche ich, ohne groß darüber nachdenken zu müssen?

_____

Worin bin ich Experte und glaubwürdig?

_____

Bei welcher Tätigkeit vergesse ich regelrecht die Zeit und alles um mich herum?

_____

Was lieben meine Eltern, mein Partner, meine Kinder, meine Freunde, meine Kollegen an mir?

_____

Warum kommen sie auf mich zu? Was können Sie von mir brauchen?

_____

Stärken, die ich einsetzen will

Welche Themen faszinieren mich nachhaltig? (Themen, mit denen du dich aus freien Stücken beschäftigst, weil sie dich faszinieren, können sich ebenfalls als sehr wertvoll für dich herausstellen.)

_____

In welche Abteilung gehe ich als Erstes in einem Buchladen? Welches Fachgebiet interessiert mich wirklich?

_____

Wenn ich über mein Lieblingsthema eine Präsentation halten würde, wie würde sie lauten?

_____

Stärken, die mein Arbeitgeber oder meine Kunden nutzen können

Wer hat mich in der Vergangenheit schon einmal für meine Dienste bezahlt? Warum?

_____

Wer hat mich schon einmal (unerwartet) gelobt? Wofür?

_____

Welchen Titel könnte ich als Experte beanspruchen?

_____

Welche meiner Begabungen, Fähigkeiten und Stärken könnte ich vermarkten (zum Beispiel Webdesign-Kenntnisse, LKWs fahren, Fremdsprachenkenntnisse)?

_____

Welchen Nutzen haben Menschen aus meinem Umfeld durch meine Tätigkeiten?

_____

DEINE GENIALITÄT RICHTIG NUTZEN

Heutzutage gibt es endlos viele Möglichkeiten, zu arbeiten und Geld zu verdienen. Eine davon bietet die Selbstständigkeit. Falls du dich unterbezahlt fühlst, momentan keine Arbeit hast und nach einer Beschäftigung suchst, stellt die Selbstständigkeit vielleicht eine gute Option dar, bei der du durch den Verkauf eines Produktes oder einer Dienstleistung den normalen Stundenlohn vervielfachen kannst. Wenn du deine Zeit gegen Geld verkaufst, besteht der Nachteil allerdings darin, dass deine Zeit begrenzt ist. Auch wenn du im Schnitt 220 Arbeitstage (ohne Wochenenden und Urlaubstage gerechnet) oder 1760 Stunden pro Jahr arbeitest, und 100 Euro oder mehr pro Stunde verdienst, wirst du dich schwertun, mehr als 200 000 Euro pro Jahr zu erwirtschaften. Stellst du stattdessen ein Produkt her, das du in beliebiger Menge verkaufen kannst, oder investierst du in Immobilien, die mit schöner Regelmäßigkeit Mieteinnahmen abwerfen, existiert diese Begrenzung nicht.

Oliver beispielsweise liebte es als 17-jähriger Schüler, in seiner Freizeit sinnfreie Autoaufkleber auf einer selbst gebastelten Siebdruckanlage herzustellen, die ein paar alternative Buchläden in Freiburg in Kommission verkauften. Nach nur wenigen Monaten fragte ein Boutiquenbesitzer ihn, ob er nicht auch Werbeaufkleber für ihn drucken könnte. Das Know-how dafür besorgte er sich aus einem Buch über Siebdruck. Ein paar Latten, eine Lampe, Siebe und Farbe kosteten rund 100 Mark. Am Schluss reichten die Umsätze dafür, den Führerschein zu bezahlen und bei jedem Stadtbesuch 50 bis 100 Mark Taschengeld bei den Buchhändlern einzustreichen, die überhaupt nicht verstehen konnten, wer vergangene Woche schon wieder 100 seiner selbst entworfenen Aufkleber mit busenküssenden Elefanten gekauft hatte. Jede Zeit hat gewisse Produkte, die stark nachgefragt werden.

Ein Arbeitsloser beispielsweise, der eventuell einen Computer zu Hause stehen hat und damit umgehen kann, könnte heute mit etwas Zeit und ein paar Büchern ohne große Investitionskosten in den Markt für Smartphone-Apps einsteigen. Erstens ist der Markt, was gute Programmierer angeht, wie leer gefegt, und zweitens sind alle Programmierer Autodidakten, da keine Universität solche Programmierkurse überhaupt anbietet. Einige Studenten haben sich mit ebenso sinnfreien Spielen wie Olivers Siebdruck-Spaß bereits Millionen verdient.

Angenommen du würdest deine Stärken jetzt sofort am Markt anbieten. Frage dich, was du genau verkaufen würdest und welches der Nutzen für deine Kunden wäre. Bitte kreuze an, was für dich zutrifft:

☐ Ein Objekt (z. B. einen Tisch bauen, einen Schuh herstellen)

☐ Eine Dienstleistung (z. B. einen Raum dekorieren, etwas reparieren, Haare schneiden)

☐ Eine Information (z. B. einen Artikel schreiben; eine Analyse machen, eine Beratung durchführen)

☐ Eine Lernerfahrung (z. B. einen Schulungsvortrag halten)

☐ Eine Gefühlserfahrung (z. B. ein Filmdrehbuch, ein Lied, ein Buch schreiben, eine Massage verabreichen)

☐ Ein Versprechen (z. B. meinen Kunden helfen, mehr zu verkaufen)

☐ Eine Plattform (z. B. eine Internet-Tauschbörse aufbauen, eine Interessengemeinschaft oder einen Verein gründen)

☐ Etwas ganz anderes

In dem Fall biete ich meinen Kunden folgenden Nutzen:

_____

Gegenwärtige Trendthemen in Industrie und Wirtschaft

Eventuell lassen sich deine Stärken mit einem besonders nachgefragten Trendthema verbinden und dazu nutzen, eine neue berufliche Rolle zu schmieden. Welche Trendthemen, die gerade heiß diskutiert werden – zum Beispiel via Twitter, TV, Google Trends, Radio, Zeitungen – fallen dir ein (außer Burnout natürlich, das ist schon unser Thema)?

_____

_____

Was könntest du im Hinblick auf deine Stärken und Interessen zu einem Thema, das gerade stark nachgefragt wird, anbieten?

_____

_____

Mit dem Gefühl, dass du wirklich einzigartige Fähigkeiten und Stärken besitzt, die viele Menschen nutzen können, solltest du dein Leben in die von dir gewünschte und somit richtige Richtung lenken können. Dann wirst du mit großer Begeisterung deine Aufgaben erledigen, effektiver und ausgeglichener werden und schließlich ein höheres Einkommen erwirtschaften, als du dir je erträumt hast.

Noch einmal zur Erinnerung: Bewahre dein Stärkenprofil gut sichtbar auf. Es wird dir stets Kraft geben, zu dir zu stehen, dich nicht von anderen vereinnahmen oder überrollen zu lassen und nicht auszubrennen.

DENKZEUG #7:
NEGATIVE GLAUBENSSÄTZE – NUR GUT, DASS NICHT ALLES WAHR WIRD, WAS WIR DENKEN

WORUM GEHT'S?

Unsere Gedanken und das, woran wir glauben oder nicht glauben, spielen eine gewichtige Rolle in unserem Leben. Negative Glaubenssätze lassen uns etwas glauben, das vielleicht schon keine Gültigkeit mehr hat, und blockieren dadurch unsere Veränderungsfähigkeit. Das ist insbesondere dann problematisch, wenn wir uns aus stressigen Situationen, die zum Burnout führen können, befreien wollen.

ZIEL DES DENKZEUGS

Negative Glaubenssätze ans Tageslicht zu holen und zu hinterfragen, wo sie ihren Ursprung haben. Sie anschließend auf ihre Richtigkeit zu überprüfen und bei Bedarf in positiv wirkende Glaubenssätze umzuwandeln. Du gewinnst dadurch mehr Zuversicht und Möglichkeiten, dich selbst aus stressigen Situationen befreien zu können.

NEGATIVE GLAUBENSSÄTZE HALTEN UNS KLEIN

»*Der Glaube versetzt Berge.*« Dieser Spruch hat nicht nur im religiösen Sinne Gültigkeit, sondern auch in unserer alltäglichen Lebensführung.

»Wir sind der Überzeugung, dass wir das, woran wir glauben, auch schaffen und erreichen können.« Und damit sind wir schon mitten drin in einem unserer persönlichen Glaubenssätze. Dieser positive Glaubenssatz begleitet uns beide bereits viele Jahre, öffnete uns schon viele Türen und Tore und ermöglichte uns ein gutes Leben. Positive Glaubenssätze wie diesen sollten wir uns daher wie einen Schatz bewahren, denn sie helfen uns im Leben, das zu erreichen, was wir uns wünschen und erträumen.

Leider tragen wir alle aber auch *negative* Glaubenssätze in uns, die uns blockieren und zur Last werden können. Sie verhindern Veränderungen und zwingen uns dazu, in suboptimalen Zuständen zu verharren. Negative Glaubenssätze ziehen uns nach unten, sie belasten und frustrieren uns. Manche Menschen glauben zum Beispiel, dass es »die einen einfach drauf haben und andere leider nicht«. Oder dass sie eben ohne das gewisse Quäntchen Glück geboren wurden, dass sie gebraucht hätten, um es wirklich zu etwas zu bringen. Wenn man sie dann fragt, was sie genau damit meinen, bekommt man Begründungen wie: »Ich habe die falsche Schulausbildung«, »Ich habe die falsche Hautfarbe«, »Ich habe das falsche Geschlecht« oder »Ich wurde nicht in eine reiche Familie hineingeboren«.

Ein weiterer negativer Glaubenssatz besagt, dass man im Leben sowieso nichts kontrollieren könne und letztlich alles vom Zufall abhänge. Menschen, die das glauben, setzen sich auch keine großen Ziele. Wenn sich einmal etwas Positives in ihrem Leben ereignet, tun sie es als Glück, Zufall oder einmaligen »Ausreißer« ab und sehen es nicht als ihren eigenen Erfolg an. Falls jedoch tatsächlich etwas Negatives eintritt, behaupten sie: »Ist ja klar, ich habe ja schon vorher gewusst, dass das nichts werden konnte!« Und sie geben sich selbst die Schuld dafür. Diese Menschen befinden sich im Dauerstress, weil sie immer erwarten, dass ihnen etwas Schlimmes passieren wird.

Negative Glaubenssätze lassen sich auf traumatische Erlebnisse im Verlauf des Lebens zurückführen, etwa wiederholtes Versagen, eine erlittene Behinderung durch einen Unfall, der Tod eines nahestehenden Menschen oder immer wieder verlassen worden zu sein.[8]

---

[8] Martin E. P. Seligman, *Erlernte Hilflosigkeit*, Urban und Schwarzenberg, 1979.

Je öfter sich ein negativer Glaubenssatz bestätigt, desto mehr schleift er sich ein.

Besonders pessimistische Menschen sind gefährdet, von negativen Glaubenssätzen gefangen gehalten zu werden. Laut neuester psychologischer Studien betrachten sie ihre Probleme als:

- **persönlich:** Sie sehen in sich selbst das Problem und nicht in den äußeren Umständen.

- **grundsätzlich:** Sie sehen das Problem als allgegenwärtig und nicht auf bestimmte Situationen begrenzt.

- **permanent:** Sie sehen das Problem als unveränderlich und nicht als vorübergehend an.

NEGATIVE GLAUBENSSÄTZE LASSEN SICH »VERLERNEN«

Die gute Nachricht lautet, dass man negative Glaubenssätze auch wieder »verlernen« kann.

> »Der Mensch bringt täglich sein Haar in Ordnung,
> warum nicht auch seine Gedanken?«
>
> *Indische Weisheit*

Deshalb wollen wir jetzt mit dir deine negativen Glaubenssätze hervorholen und dich mit ihnen konfrontieren. Wir hinterfragen, ob sie tatsächlich noch Gültigkeit besitzen, um sie schließlich loszulassen oder in positive Glaubenssätze umwandeln zu können, die dich unterstützen. Dabei wirst du erkennen, dass

- nicht alles, was du denkst oder glaubst, in Stein gemeißelt und unveränderbar ist;

- du deine Gedanken und somit auch das, woran du glaubst, lenken und (um)programmieren kannst;

- alles, was wir uns vorstellen können, mehr und mehr Wirklichkeit wird, sobald wir auch daran glauben.

Die Funktion des Gehirns spielt dabei eine entscheidende Rolle. Deshalb möchten wir dich jetzt an ein paar Erkenntnissen aus der neurologischen Forschung teilhaben lassen. Um das ganz einfach zu erklären, kannst du dir vorstellen, dass unser Gehirn als großes weißes Schneefeld anfängt. Es gibt bereits gewisse Strukturen und Objekte, die aus dem Feld herausragen (Bäume, Sträucher, Gebäude, Schilder) und die uns durch Erziehung und Vererbung mitgegeben wurden. Alles, was wir erleben, hinterlässt zunächst kleine Trampelpfade in diesem großen Feld. Je öfter wir das Gleiche erleben und abspeichern – egal ob Erfolg oder Misserfolg –, desto breiter und gefestigter werden diese Pfade, bis sie erst zu Straßen und schließlich zu breiten, gut geräumten »Denkautobahnen« mutieren. Es fällt uns natürlich zunehmend leichter, uns auf diesen vermeintlich sicheren und breiten Autobahnen zu bewegen, deshalb wollen wir sie am liebsten gar nicht mehr verlassen. Im Hinblick auf die positiven Erlebnisse mag das auch gut sein, aber angesichts der negativen wird es immer hinderlicher.

Wollen wir nun mit Misserfolgen und negativen Glaubenssätzen aus unserer Vergangenheit aufräumen, bleibt uns nichts anderes übrig, als über die Leitplanke zu steigen und querfeldein im tiefen Schnee einen neuen Trampelpfad anzulegen, der in eine positive Richtung führt. Das ist zunächst anstrengend und zäh, sodass viele von uns sich die Mühe sparen wollen. Deshalb zieht es uns immer wieder zurück auf den leichteren Weg, der aber leider in die falsche Richtung führt.

Diese neuen Trampelpfade machen wir leichter begehbar, wenn wir sie gedanklich wieder und wieder aufsuchen und ausweiten. Um uns davor zu hüten, zu den alten Autobahnen zurückzukehren, ignorieren wir sie am besten eine Weile, damit sie im Laufe der Zeit wieder frisch beschneit werden, bis nichts mehr von ihnen übrig ist.

In der Praxis heißt das, dass wir aufhören müssen, die immer gleichen negativen oder zweifelnden Sätze vor uns hinzusagen oder zu denken und uns selbst ständig kleinzumachen. Genau wie in der Natur dauert es seine Zeit, bis die neuen Wege geschaffen und die alten verschwunden sind. Das passiert nicht über Nacht. Schließlich sind die negativen Glaubenssätze und Regeln zum Teil über viele Jahre durch Einflüsse unseres Umfelds und unserer Erziehung entstanden. Übung macht hier mental den Meister.

Viele Spitzensportler haben ihre größten Siege ebenfalls dadurch errungen, dass sie sich ihr Ziel ständig klar und bildlich vorstellten. Boris Becker hatte beispielsweise seine Asse nicht nur im Training ständig geübt, sondern zusätzlich das Bild vom perfekten Aufschlag so oft vor seinem geistigen Auge abgespielt, bis er es dann, im echten Einsatz, quasi automatisch und wie im Schlaf beherrschte. Wissenschaftlich gesehen kann das Gehirn in seiner synaptischen Verschaltung nämlich zwischen Wirklichkeit und Vorstellung nicht immer unterscheiden.

Gerald Hüther beschreibt in seinem Buch *Bedienungsanleitung für ein menschliches Gehirn* sehr anschaulich, wie die (Um-)Programmierung unseres Gehirns funktioniert, und liefert eine Bedienungsanleitung dazu: »Wir Menschen haben ein Gehirn, das sich erst durch die Art seiner Benutzung gewissermaßen selbst programmiert. Wir müssen uns also entscheiden, wie und wofür wir es benutzen. Entschließt sich ein Mensch, gar keine derartige Entscheidung zu treffen, so werden die endgültigen Verschaltungen in seinem Gehirn automatisch durch die genetischen Prädispositionen und die Gegebenheiten bestimmt, unter denen er aufwächst und lebt. Er bleibt so ein Gefangener seiner passiv übernommenen Anlagen und vorgefundenen Verhältnisse [...] Frei können wir nur bleiben, indem wir uns bereits so früh wie möglich und mit so viel Umsicht wie möglich entscheiden, wie und wofür wir unser Gehirn benutzen wollen.«

GLAUBENSSÄTZE KÖNNEN WEITE KREISE ZIEHEN

Michaela coachte vor einiger Zeit einen hochbegabten und erfolgreichen Mann. Sein Beruf erfüllte ihn nicht mehr und er träumte von einer beratenden Tätigkeit als Coach und Therapeut. Er absolvierte sogar die nötigen Ausbildungen dazu, wagte aber nicht den Schritt in diese neue Selbstständigkeit. Als Michaela dem auf den Grund ging, kam heraus, dass ein Glaubenssatz ihn blockierte.

Er hatte vor Jahren bereits einen Neuanfang gemacht, bei dem er scheiterte. Ein weiterer Neubeginn folgte, der auch nicht zu dem gewünschten Erfolg führte. Für ihn war damit klar – und darin bestand sein Glaubenssatz –, dass alles Neue, was er anfangen wollte, sowieso schieflaufen würde, sodass er es schließlich gar nicht mehr wirklich in Angriff nahm.

Michaela bat ihn, gemeinsam mit ihr auf die letzten Jahre seit diesem ersten Ereignis zurückzublicken. Anschließend forderte sie ihn auf, eine Übersicht zu erstellen, in der er alles auflistete, was er in diesen Jahren neu begonnen hatte. Anschließend sollte er ankreuzen, was geklappt hatte und was nicht. Das Ergebnis war eindeutig: Nur zwei Punkte, nämlich genau die, an die er sich so negativ erinnerte, waren schiefgelaufen. Wir alle kennen bestimmt das Phänomen, dass wir uns negative Dinge viel intensiver einprägen als positive.

Da fiel es ihm wie Schuppen von den Augen, wie er sich vor allem bei größeren Neuanfängen selbst blockiert hatte und dass er sehr wohl die Fähigkeiten besitzt, diesen Neustart hinzubekommen. Mittlerweile ist er ein sehr geschätzter Coaching-Kollege von Michaela geworden.

Wie ordne ich mich ein?

Zunächst ein paar Fragen. Wie denkst du über dich selbst?

- Ich bin eher ein:

  ☐ Gewinner

  ☐ Verlierer

- Ein halbes Glas Wasser ist für mich:

  ☐ halbvoll

  ☐ halbleer

- Ich fühle mich:

  ☐ stark

  ☐ eher schwach

- Das Glück:

  ☐ habe ich auf meiner Seite

  ☐ haben andere für sich gepachtet

- Das Leben meint es:

  ☐ gut mit mir

  ☐ eher nicht so gut mit mir

- Ich glaube, dass ich die Dinge verändern kann:

  ☐ gar nicht

  ☐ manchmal

  ☐ häufig

  ☐ immer

Welche Glaubenssätze halten mich zurück?

Beispiele für negative Glaubenssätze:

- Ich brauche gar nicht nach einer Gehaltserhöhung zu fragen, ich bekomme ja doch keine.
- Die anderen haben immer mehr Glück als ich.
- Frauen werden nicht so gut bezahlt wie Männer.
- Männer haben's leichter.
- Frauen haben's leichter.
- Reiche haben's leichter.
- Ich bin beziehungsunfähig und werde nie einen Partner finden.
- Keiner interessiert sich für mich.

Kommt dir einer dieser Glaubenssätze bekannt vor? Oder schwirren so ähnliche in deinem Kopf herum? Dann schreib sie doch gleich einmal auf! Nutze die folgende Liste als erste Anregung.

So denke *ich* über:

- mich
- das Leben
- den Sinn des Lebens
- die Welt
- die Zukunft
- Finanzen
- Partnerschaft
- beruflichen Erfolg
- Frauen und Männer
- Reiche und Arme
- meine Fähigkeit, Kontrolle auszuüben

Mein negativer Glaubenssatz	Inwiefern stresst er mich?

Jetzt frag dich bei *jedem* Glaubenssatz, am besten auf einem getrennten Blatt:

- Entspringt er meinen eigenen Erfahrungen? *Wenn ja, kennzeichne ihn mit einem Haken dahinter.*

- Habe ich ihn von jemand anderem übernommen (Eltern, Pfarrer, Chef, Kollegen, Partner)? *Dann kennzeichne ihn mit einem Kreuz und schreibe den Namen der Quelle dahinter.*

- Wie oft und wann hat er sich in der Wirklichkeit schon für mich selbst bestätigt?

  ☐ nie   ☐ manchmal   ☐ oft   ☐ immer

  Wann zuletzt (ungefähres Datum): _____

- Wie viele andere Menschen glauben meiner Meinung nach auch daran?

  ☐ keine Ahnung   ☐ keiner   ☐ nur wenige   ☐ viele   ☐ alle

- Kenne ich Menschen, die *nicht* daran glauben? Wie geht es ihnen damit?

- Wann hatte ich dazu schon einmal eine gegenteilige Erfahrung? *Beschreibe sie!*

- Wie hat sich mein Glaubenssatz im Laufe meines Lebens verändert? Wann ist er entstanden?

- Hat dieser Glaubenssatz heute tatsächlich noch Gültigkeit für mich?

Wie kann ich meine negativen Glaubenssätze loswerden?

Was müsstest du tun, um dir selbst zu beweisen, dass deine aufgeführten Glaubenssätze keine Gültigkeit mehr für dich besitzen? Schreib es in der folgenden Übersicht auf!

Mein negativer Glaubenssatz	Aktion, um ihn loszuwerden oder ins Positive umzuwandeln

So sehe ich mich jetzt in Zukunft

- Ich bin eher ein:
  - ☐ Gewinner
  - ☐ Verlierer
- Ein halbes Glas Wasser ist für mich:
  - ☐ halbvoll
  - ☐ halbleer
- Ich fühle mich:
  - ☐ stark
  - ☐ eher schwach
- Das Glück:
  - ☐ ist auf meiner Seite
  - ☐ haben andere für sich gepachtet
- Das Leben meint es:
  - ☐ gut mit mir
  - ☐ eher nicht so gut mit mir
- Ich glaube, dass ich die Dinge verändern kann:
  - ☐ gar nicht
  - ☐ manchmal
  - ☐ häufig
  - ☐ immer

Vergleiche deine Resultate mit denen der ersten Liste. Hat sich etwas für dich geändert?

Meine positiven Glaubenssätze

Schreibe zum Abschluss all deine positiven Glaubenssätze auf, zusammen mit einem kurzen Beispiel, wie sie dich in der Vergangenheit schon einmal weitergebracht und beflügelt haben.

Mein negativer Glaubenssätze	Wo haben sie mich schon weiter-gebracht?

Bewahre sie gut auf und ergänze sie von Zeit zu Zeit um weitere positive Glaubenssätze, die dir in den Sinn kommen, oder auch um jene, die du vom Negativen ins Positive umgewandelt hast. Sie beflügeln dein Möglichkeitsdenken, sodass du in deinem Tun freier werden und stressige Situationen proaktiv vermeiden kannst.

»Du bist heute das, was du gestern gedacht hast.«

Martin Luther

DENKZEUG #8:
DAS ERBE DER ELTERN – SPUREN FOLGEN, DIE NICHT IMMER ZUM ZIEL FÜHREN

WORUM GEHT'S?

Ein Teil der Fremdbestimmung in unserem Leben entspringt unserer Kindheit. Durch unsere Erziehung wurden wir auf dem Weg ins Erwachsenenalter oft von tief verwurzelten Familientraditionen und -regeln geprägt, die sich über Generationen hinweg entwickelten und fortsetzten. Als Erwachsene leben wir in dieser Spur weiter, ohne uns groß Gedanken darüber zu machen, ob wir das wollen oder nicht. Wenn wir aber nicht unser Leben führen, sondern das von anderen, kann uns das nur stressen!

ZIEL DES DENKZEUGS

Herauszufinden, wie sehr wir das Leben unserer Eltern oder anderer wichtiger Menschen in unserem Leben weiterführen oder uns dagegen auflehnen. Dabei befreist du dich von den belastenden und einengenden Fesseln deiner Eltern und fängst an, dein eigenes Leben frei zu leben.

DAS VERHÄNGNISVOLLE ERBE DER ELTERN

Über Jahrzehnte hinweg werden in vielen Familien Traditionen, Regeln und Verhaltensweisen auf die nächste Generation übertragen. Der Sohn oder die Tochter tritt beispielsweise in die Fußstapfen der Großeltern oder Eltern und wird ganz selbstverständlich ebenfalls Schreiner oder Krankenschwester. Aber auch Ehrenämter oder die Lebensweise werden weitergereicht. Der Erstgeborene erhält automatisch nicht nur den Hof, sondern sogar noch den Vornamen des Vaters oder Großvater. Aus Hans wird so vorübergehend ein Hansi und später wieder ein Hans usw. Oft hat auf diesen Höfen der Kindersegen erst ein Ende, wenn für den männlichen Nachkommen gesorgt ist, der die Tradition fortsetzen kann.

Wir verurteilen das nicht, wollen es aber hinterfragen. Traditionen sind etwas Wichtiges und Wundervolles. Sie können Sicherheit vermitteln und Rückhalt bieten, aber nur solange sich jeder damit wohlfühlt und nicht verbiegen muss, um etwas zu werden, das gar nicht zu ihm passt. Sonst ist der Weg in Frustration, Depression und Burnout programmiert. Ein paar Beispiele, die diese traditionelle Denkweise illustrieren:

- Warum soll die Tochter auf eine höhere Schule gehen, wenn sie doch wie die Mutter und die Großmutter sowieso heiraten, Kinder kriegen und zu Hause bleiben wird?

- Warum soll das Kind später einmal woanders wohnen, wenn doch genügend Platz da ist und die gute alte Eichenschrankwand noch 100 Jahre länger hält?

- Warum soll der Sohn/die Tochter homosexuell sein, wo so etwas doch weder in der Familie noch im ganzen Dorf bisher vorgekommen ist?

Solche und ähnliche Fragen stellen Eltern sich gerne. Die Zügel werden oft auch enger gehalten und der Sprössling in die korrekte Verhaltensweise gepresst, wenn Eltern meinen, sich nach außen hin für das »unnatürliche Verhalten« ihres Kindes rechtfertigen zu müssen.

Natürlich sind viele Traditionen in den letzten Jahrzehnten zwangloser geworden. Kinder werden nicht mehr automatisch getauft, weil die Eltern inzwischen aus der Kirche ausgetreten sind. Linkshänder werden nicht mehr dazu gezwungen, mit der rechten Hand zu schreiben. Immer mehr Mädchen dürfen auch die höhere Schule besuchen und den Karriereweg verfolgen, den sie sich ausgesucht haben.

Trotzdem bewegen wir uns oft noch in den Fußstapfen derer, die während unserer Kindheit großen Einfluss auf uns hatten. Häufig passiert das allerdings eher unbewusst als durch vorgegebene äußere Zwänge. Wir spüren dann zwar, dass wir uns irgendwie nicht ganz wohl damit fühlen, können aber nicht genau erklären, woran es liegt. Typische Bereiche, die solche unbewussten Spuren aufweisen, sind beispielsweise:

• die finanziellen Rahmenbedingungen

• der Umgang in der Partnerschaft

Natürlich wehren wir uns oft mit Händen und Füßen dagegen, dass uns solche generationsbedingten Regeln und Muster auferlegt werden. Klassischerweise passiert das während der Pubertät. Wir versuchen, uns von den Eltern abzunabeln. Wir wollen auf Biegen und Brechen unseren eigenen Kopf durchsetzen, hören andere Musik als sie oder gehen zum Trotz genau den entgegengesetzten Weg unserer Eltern. Manchmal versöhnen wir uns später mit ihrem Lebensstil und wenden uns ihnen wieder mehr zu, aber manchmal leben wir auch das Gegenteil weiter.

Und genau da liegt der Hase im Pfeffer!

Auch wenn wir uns *gegen* das Erbe der Eltern auflehnen und genau das Gegenteil von dem tun, was sie machen – also zum Beispiel unkonventionell statt spießig oder arm statt reich sein wollen –, lassen wir uns *immer noch* übermäßig von ihrem Erbe beeinflussen. In diesem Fall eben von unserer ablehnenden Haltung ihnen gegenüber.

Ironischerweise führen wir damit nach wie vor nicht unser eigenes Leben, sondern nur genau das Gegenteil dessen, was unsere Eltern leben. Aber weder der eine noch der andere Weg ist wirklich unser eigener und wird uns glücklich machen. Denn irgendwann stecken wir in einem Leben, das uns nicht entspricht, haben eine Ausbildung hinter uns, die uns nicht interessiert, und scheuen einen Neuanfang, weil der Gedanke, alles Bisherige könnte umsonst gewesen sein, unerträglich ist.

> »Wer in die Fußstapfen anderer tritt,
> hinterlässt keine eigenen Spuren.«
>
> Wilhelm Busch

BEISPIELE AUS UNSEREM EIGENEN LEBEN

Bevor wir zur nächsten Übung kommen noch ein paar Beispiele aus unserem eigenen Leben. Olivers Eltern waren an ihrem 50. Hochzeitstag immer noch so verliebt wie zu Beginn ihrer Ehe. Oliver hatte zu seinen Eltern stets ein sehr gutes und inniges Verhältnis und wünschte sich für seine Ehe genau das gleiche Glück. Nach außen hin schaffte er das auch knapp 25 Jahre lang, aber dann musste er erkennen, dass er sich in dieser Beziehung nicht mehr er selbst war und sein Leben an ihm vorbeizog. Nach einem langen inneren Kampf wagte er es schließlich, aus den vorbildlichen Fußstapfen seiner Eltern herauszutreten und seinen eigenen Weg zu gehen.

Michaelas Eltern hatten sich mit einer kleinen Pension einen großen Traum erfüllt. Nur leider war er aufgrund ungünstiger Umstände zum jahrelangen, finanziell belastenden Albtraum geworden. Diese Erfahrung wollte Michaela sich ersparen und unternahm über viele Jahre hinweg alles dagegen, in eine ebenso schwierige Lage zu geraten. Sie arbeitete sich fast tot dabei, bis ihr bewusst wurde, wie verkrampft sie sich auf dem entgegengesetzten Weg ihrer Eltern bewegte. Schließlich erkannte sie, dass die finanzielle Situation ihrer Eltern absolut gar nichts mit ihrer eigenen finanziellen Einstellung zu tun hatte. Sie reflektierte ihre Lage und stellte fest, dass sie inzwischen eine gute Basis aufgebaut hatte, die sie nicht mehr so leicht aus der Bahn werfen konnte. Dadurch war sie in der Lage, diesen zwanghaften Kampf aufzugeben, ihr Arbeitstempo etwas zu drosseln sowie gelassener und stressfreier zu leben.

Ein guter Freund von uns wuchs in einer Familie mit klassischer Rollenverteilung auf. Die Mutter, die ein herzliches Wesen besaß, erzog zu Hause die Kinder. Der strenge Vater brachte das Geld nach Hause und behielt auch die Kontrolle darüber. Jedes Mal, wenn es bei den Eltern um das Thema Geld ging, gab es Streit und Stress. Davon geprägt, entschied unser Freund, dass Geld in seinem Leben einmal eine weniger wichtige Rolle spielen sollte. Mit dieser Entscheidung drängte er das Thema jedoch so weit in den Hintergrund, dass er sich ständig am

Rande der Liquidität befand und schließlich in eine Schuldenspirale hineinschlitterte. Erst als ihm der Grund dafür bewusst wurde, hörte er auf, Geld als etwas anzusehen, das Konflikte auslöst, und machte sich zum ersten Mal Gedanken darüber, was seine Arbeit wirklich wert war. Erst in dem Moment begann er, einen realistischen Lohn für seine Arbeit zu verlangen und mit einem guten Gefühl Rechnungen auszustellen.

DIE UNSICHTBAREN FESSELN LÖSEN

Mit der folgenden Übung kannst du herausfinden, wie sehr du noch das Leben deiner Eltern führst oder ob du genau das Gegenteil tust. Hinterfrage, was für dich in Ordnung ist und dich zufrieden macht und was du verändern möchtest, weil du dich sonst gefangen fühlst. Schaue dir die folgende Pfeilgrafik an und überlege, wo du ungefähr auf der Linie stehst:

Lebst du dein Leben komplett nach deinen eigenen Vorstellungen, dann setze dein Kreuz genau auf die Mitte. Lebst du es eher wie deine Eltern, dann positioniere das Kreuz in Richtung Eltern auf der linken Hälfte. Lebst du genau das Gegenteil, dann setze es entsprechend innerhalb der rechten Hälfte.

Du kannst dabei dein gesamtes bisheriges Leben berücksichtigen oder auch nur einzelne Themen, wie zum Beispiel die berufliche Laufbahn, Erfolg, Finanzen, Partnerschaft, Erziehung der Kinder, Glauben, Ordnung usw. Genauso kannst du auch die Eltern durch einen anderen Menschen ersetzen, der dich sehr geprägt hat, zum Beispiel die Großeltern, ein Lehrer oder der Chef.

Mit der nächsten Grafik wollen wir deine Situation noch ein bisschen genauer analysieren. Jetzt verknüpfst du jedes Thema mit unterschiedlichen Personen aus deinem Umfeld. Die senkrechte Achse zeigt den Grad der Entwicklung oder des Wachstums an. Die waagerechte Achse stellt die Zeit in Jahren dar.

Wähle ein Thema aus und trage dann in der Grafik die Ereignisse diesbezüglich im Leben deiner Eltern, eines Elternteils oder einer anderen wichtigen Person ein. Anschließend fügst du deine eigenen Erlebnisse zu diesem Thema hinzu, am besten in einer anderen Farbe. Beides zusammen zu sehen ist entscheidend, denn nur so kannst du Parallelen oder komplett gegenläufige Phasen erkennen.

Die folgende Grafik bezieht sich auf das obige Beispiel unseres Freundes. Die gepunktete Linie zeigt, wie seine Eltern mit zunehmendem Alter mehr und mehr Geld sparten. Die gestrichelte Linie veranschaulicht, wie sich die finanziellen Verhältnisse unseres Freundes entwickelten. Der linke Kreis illustriert den Moment, an dem er bewusst entschied, anders als seine Eltern zu leben und Geld nicht mehr so wichtig zu nehmen. Der rechte Kreis steht für den Zeitpunkt, als er sich gedanklich von seinen Eltern frei machte, anfing, Geld ernst zu nehmen, und sich seine eigene Meinung zu Geld bildete.

Wenn du ein solches Thema in Hinblick auf deine Eltern oder andere Bezugspersonen in dir spürst, dann nutze das folgende Diagramm, um selbst eine Grafik zu erstellen.

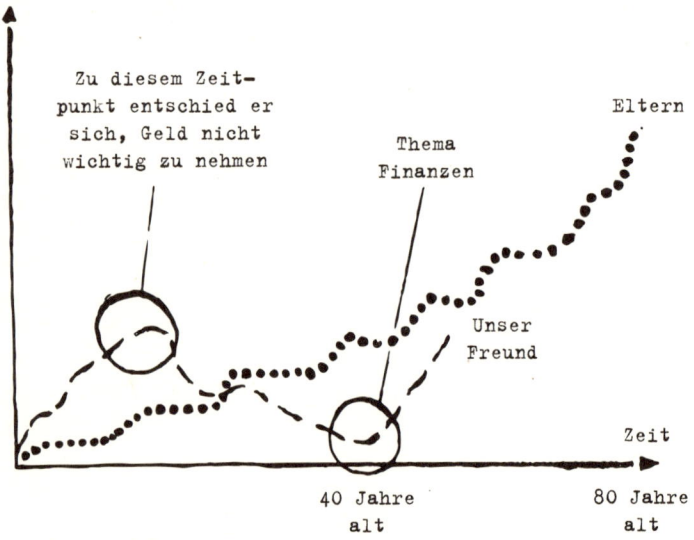

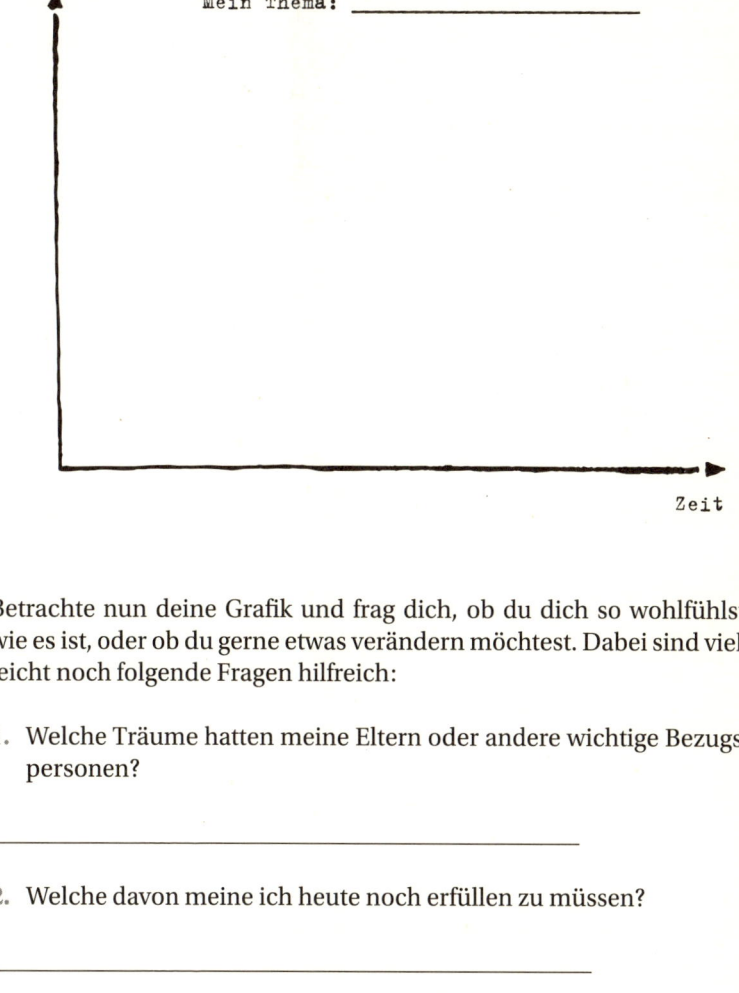

Betrachte nun deine Grafik und frag dich, ob du dich so wohlfühlst, wie es ist, oder ob du gerne etwas verändern möchtest. Dabei sind vielleicht noch folgende Fragen hilfreich:

1. Welche Träume hatten meine Eltern oder andere wichtige Bezugspersonen?

_____

2. Welche davon meine ich heute noch erfüllen zu müssen?

_____

3. Welche negativen Erfahrungen machten meine Eltern?

_____

4. Welchen davon versuche ich bewusst aus dem Weg zu gehen?

_____

5. Welche Angewohnheiten, Regeln oder Lebensweisen habe ich eventuell nur aus Bequemlichkeit oder Vertrautheit übernommen?

_____

6. Welche Erwartungen hatten/haben meine Eltern an mich?

_____

7. Was davon mag ich erfüllen, was nicht?

_____

8. Was glaube ich meinen Eltern noch schuldig zu sein?

_____

9. Was habe ich von meinen Eltern gelernt?

_____

10. Was davon will ich weiter anwenden?

_____

11. Inwiefern unterscheide ich mich von meinen Eltern?

_____

12. Was haben meine Eltern durch mein Anderssein von mir gelernt oder können sie immer noch von mir lernen?

_____

13. Welche Dauerstress-Themen gab es bei uns zu Hause?

_____

14. Welche meiner drei inneren Hauptmotive stimmen mit meinen Eltern überein?

_____

Vielleicht hast du dir durch dieses Denkzeug bewusst gemacht, dass du in einigen deiner Lebensbereiche nicht selbstbestimmt handelst, sondern aufgrund von Prägungen durch deine Eltern oder andere wichtige Menschen immer noch – unbewusst – fremdbestimmt agierst. Dann ist diese Erkenntnis ein weiterer wichtiger Schritt auf deinem Weg zu einem selbstbestimmten und stressfreien Leben.

DENKZEUG #9:
DIE QUAL DER WAHL – WENN DAS BESTE ZUM FEIND DES BESSEREN WIRD

WORUM GEHT'S?

Wenn wir Fortschritte machen wollen, gibt es immer Situationen, in denen wir aus zwei scheinbar gleich guten Alternativen eine wählen müssen. Oft geraten wir dabei ins Stocken und in ausweglos Grübeln, weil wir unsicher sind, wie sich eine Entscheidung auswirken wird. In diesem unschlüssigen Zustand zu verharren kann uns aber mehr stressen als die Entscheidung selbst. Das nennen wir die »Ambivalenzfalle«.

ZIEL DES DENKZEUGS

Entscheidungen anhand hilfreicher Kriterien und Techniken besser und schneller zu treffen. Du lernst, dich aus deinem Stress verursachenden Verharren zu lösen, anstatt dich weiter zu blockieren.

AMBIVALENZFALLEN LAUERN AN JEDER ECKE

Tagtäglich werden wir mit vielen Fragen konfrontiert, die eine Entscheidung erfordern. Bereits bei kleinen Entscheidungen haben wir oft die Qual der Wahl. Aus 25 verschiedenen italienischen Olivenölen im Supermarktregal das beste herauszugreifen kommt da noch einer vergleichsweise kleinen Herausforderung gleich. Manchmal sind wir so verunsichert, dass wir schließlich gar keine Entscheidung treffen und nichts kaufen. Als Aldi in einem Feldversuch für kurze Zeit mehr als nur die Standardhonigsorte anbot, sank der Honigumsatz insgesamt. Schnell wurden die Alternativen wieder aus dem Regal verbannt. Forscher[9] stellten fest, dass uns eine größere Auswahl nicht etwa zufriedener, sondern unzufriedener macht.

Viel schwieriger ist es jedoch, weitreichende Entscheidungen zu treffen, wie etwa:

- Soll ich mit meinem neuen Partner zusammenbleiben, auch wenn er sich mit meinen Kindern nicht verträgt, oder nicht?

- Soll ich als Frau Karriere machen oder will ich dem Kinderwunsch meines Partners nachgeben?

- Soll ich mit meinen Kindern in der gewohnten Umgebung bleiben oder will ich durch einen Umzug beruflich aufsteigen?

- Soll ich meine Fernbeziehung weiterführen, auch wenn mich das Hin und Her extrem belastet und ich immer zwischen allen Stühlen sitze?

Solche Entscheidungen ziehen immer schwerwiegende Konsequenzen nach sich. Weil wir uns scheuen, eine Wahl zu treffen, schieben wir sie so lange wie möglich vor uns her – oft bis an unsere Leidensgrenze. Sich gar nicht zu entscheiden kann aber viel schmerzhafter sein, als eine Wahl zu treffen.

Erstaunlicherweise tun sich manche Menschen bei solchen Entscheidungen leichter als andere. Woran liegt das? Nach Gerhard Roth, einem namhaften Hirnforscher, gibt es fünf verschiedene Entscheidungstypen, die sich in der Grundlage unterscheiden, auf der sie getroffen werden:

---

[9] Barry Schwartz, The Tyranny of Choice, Scientific American, April 2004.

1. Automatisierte Entscheidungen, die aus der Routine heraus und wie von selbst erfolgen.

2. Affektiv-impulsive Entscheidungen, die ganz spontan und unreflektiert aus Angst, Wut oder Gier getroffen werden. Blickt man auf die Evolutionsgeschichte zurück, handelt es sich hierbei wohl um die am tiefsten verwurzelten und um automatisierte, reflexartige Entscheidungen.

3. Emotionale Entscheidungen, die überwiegend von der Gefühlsebene aus gesteuert werden.

4. Rationale Entscheidungen, die hauptsächlich vom Verstand her eher sachlich und faktisch gelenkt werden.

5. Intuitive Entscheidungen, die aufgrund zurückliegender, meist unbewusster Erfahrungen gefällt werden und die wir bereits wie eine Vorahnung spüren. Letztendlich greifen wir dabei aber auf Vertrautes zurück.

Da es bei Punkt 1 und 2 um Spontanentscheidungen geht, auf die wir keinen großen Einfluss haben, lassen wir sie in unserem Zusammenhang außen vor. Stattdessen konzentrieren wir uns auf die Punkte 3 bis 5, weil wir bei solchen Entscheidungen in die Ambivalenzfalle geraten können. Denn unsere Entscheidungen werden hauptsächlich gelenkt durch

- Erfahrungen aus der Vergangenheit (selbst gemachte und auch transportierte, etwa aufgrund von Erziehung, Traditionen, Evolution ...),

- unseren Verstand und

- unser Gefühl.

Interessanterweise bestätigt die Forschung damit gewisse Stereotypen, nach denen 65 Prozent der Frauen eher nach Gefühl entscheiden und 65 Prozent der Männer eher mit dem Kopf.[10] Vielleicht erklärt sich dadurch auch der eine oder andere Streit in einer Beziehung, zu dem es in der Vergangenheit bei gemeinsamen Entscheidungen kam.

---

[10] Stefanie Stahl und Melanie Alt, *So bin ich eben*, Verlag Ellert & Richter, 2011.

Wissenswertes aus der Forschung

Hirnforscher fanden heraus, dass Entscheidungen nie rein rational getroffen werden, sondern dass Emotionen sie immer ebenso beeinflussen. Zu dieser Erkenntnis gelangte der portugiesische Neurowissenschaftler Antonio Damasio, als einer seiner Patienten, dem aufgrund eines Tumors ein Teil des Frontallappens der Großhirnrinde entfernt worden war, überhaupt keine Entscheidung mehr treffen konnte. Als er weiter nachforschte, stellte er fest, dass sein Patient durch den Eingriff die Fähigkeit verloren hatte, Gefühle zu empfinden. Bei weiteren Forschungen stellte sich heraus, dass auch andere »emotionslose« Patienten keine Entscheidungen mehr auf Verstandesebene treffen konnten.

GEFÜHLSENTSCHEIDER ODER KOPFENTSCHEIDER?

Um herauszufinden, ob du eher aus dem Gefühl heraus oder mit dem Kopf entscheidest, kannst du in der folgenden Tabelle diejenigen Aussagen ankreuzen, die dir am meisten entsprechen.

Wie entscheide ich?	ja	nein
Ich verlasse mich bei Entscheidungen eher auf den Bauch als auf den Verstand.		
Ich entscheide eher gefühlsmäßig und subjektiv als sachlich und aufgrund von Fakten.		
Meine Entscheidung ist mehr auf Harmonie als auf Zweck ausgerichtet.		
Ich will niemanden mit meiner Entscheidung verletzen.		
Ich denke und handle eher empathisch als analytisch bei meinen Entscheidungen.		
Ich fahre bei Entscheidungen meine feinen Antennen für das Empfinden anderer aus.		
Ich tausche mich lieber mit anderen über Zwischenmenschliches als über Wissensthemen aus.		

Ich nehme bei Entscheidungen Rücksicht auf betroffene Menschen.		
Ich entscheide erst, wenn ich das Gefühl habe, dass jeder meine Entscheidung versteht.		
Menschen sind bei meinen Entscheidungen wichtiger als Regeln		

Je mehr Kreuzchen du bei »ja« gesetzt hast, desto eher bist du ein Gefühlsentscheider, je mehr du bei »nein« stehen hast, desto mehr bist du ein Kopfentscheider. Es geht nicht um eine Wertung, ob das eine oder das andere besser ist. Einmal hilft es, wenn wir die Fakten einbeziehen, ein andermal, wenn wir mehr auf unseren Bauch hören. Optimal ist unserer Meinung nach immer eine gute Mischung aus beidem. Man sollte sich nicht ausschließlich auf das Gefühl oder auf den Verstand verlassen. Um beide Fähigkeiten – auf sein Gespür zu hören und seinen Verstand bei Entscheidungen einzuschalten – ein bisschen zu trainieren, kann man sich beispielsweise schriftlich mit einem Problem auseinandersetzen. Die Hauptsache ist, dass wir uns am Ende mit der Entscheidung leichter tun. Die folgenden Fragen helfen dir dabei:

Welche Entscheidung muss ich treffen?

_____

Rationale Überlegungen – langfristige Konsequenzen prüfen
Welche Konsequenzen hat meine Entscheidung am nächsten Tag für mich?

_____

_____

Welche Konsequenzen hat meine Entscheidung nächsten Monat für mich?

_____

_____

Welche Konsequenzen hat meine Entscheidung in zehn Jahren für mich?

_____

_____

Rationale Überlegungen – die Wirkung auf Mitmenschen prüfen

Wer könnte oder wird sie ablehnen? Warum?

_____

_____

Wie wichtig ist das für mich?

_____

_____

Wer wird sie gutheißen? Warum?

_____

_____

Was wird sie mich in materieller Hinsicht kosten?

_____

_____

Was muss ich aufgeben?

_____

_____

Was gewinne ich in materieller Hinsicht?

_____

_____

Emotionale Überlegungen

Welche Ängste steigen in mir auf?

_____

_____

Gerate ich in Konflikt mit meinen Werten?

_____

_____

Was kostet sie mich in emotionaler Hinsicht?

_____

_____

Wen könnte ich dadurch verletzten oder gar verlieren?

_____

_____

_____

Was gewinne ich in emotionaler Hinsicht?

_____

_____

Konntest du eine Entscheidung treffen? Dann trage sie hier ein:

_____

_____

Falls du dir immer noch nicht sicher bist, wie du aus einer Ambivalenzfalle herauskommst, können wir dir noch vier weitere Entscheidungstechniken anbieten, die sich in unserer Praxis vielfach bewährt haben.

1. Der Weg über den Wunschzustand

Geh kurz in dich. Ruf dir deine stressige Lage in Erinnerung stell dir
vor, dass du deinen Wunschzustand bereits erreicht hast. Dann fühlst
du dich in deine neue Lage ein, blickst zurück und fragst dich, wie du
dorthin gekommen bist. Welche Entscheidung hast du getroffen, um
dahin zu kommen?

_____

_____

2. Die Vorbildentscheidung

Manchmal hilft auch der Gedanke an einen Mentor oder ein Vor-
bild bei einer Entscheidung. Die Amerikaner fragen sich ganz gerne
spaßhaft: »What would Jesus do?« Frag dich, wie jemand, den du sehr
schätzt, in deiner Lage entscheiden würde.

_____

_____

3. Innere Motive berücksichtigen

Unsere inneren Motive sind ebenfalls ein wichtiger Bestandteil bei der Art und Weise, wie wir Entscheidungen treffen. Wir sollten sie deshalb dementsprechend berücksichtigen. Wer eine starke Ausprägung des Motivs »Finanzielle Sicherheit« hat, sollte keine zu großen finanziellen Risiken eingehen, um Stress zu vermeiden. Wer sich von dem Motiv »Bewahren« leiten lässt, wird sich nicht so ohne Weiteres dazu entschließen können, sein mühsam abbezahltes und sorgsam gepflegtes Eigenheim für die große Liebe aufzugeben und umzuziehen. Wenn die große Liebe das im Gegenzug aufgrund eines ausgeprägten Motivs »Familie/Kinder« auch nicht kann, liegt der Ausweg, der am wenigsten Stress bedeutet, wahrscheinlich in einer Wochenendbeziehung.

Übertrage nun deine drei Hauptmotive aus der Persönlichkeitsanalyse (Kapitel 5, Denkzeug #4) in die folgende Box und überlege dir, was du im Hinblick darauf bei deiner Entscheidung berücksichtigen musst.

Meine Hauptmotive	Das muss ich berücksichtigen

4. Nur für Bauchentscheidungswillige

Diese letzte Entscheidungstechnik mag dir esoterisch oder grenzwertig erscheinen, weil sie auf sogenannten »morphischen« Feldern basiert, die nicht wissenschaftlich erwiesen sind. Weil sie uns im Praxiseinsatz schon gute Dienste leistete, wollen wir sie dir nicht vorenthalten.

Nimm vier gleich große Zettel und notiere auf jedem deine Frage. Zusätzlich schreibst du auf den ersten die eine Entscheidungsmöglichkeit und auf den zweiten die andere. Auf den dritten Zettel schreibst du »Ich will beides« und auf den vierten »Ich will keins von beidem«.

Nun legst du die Zettel verdeckt irgendwo im Raum auf den Boden, wo es sich für dich richtig anfühlt. Dann stellst du dich nacheinander auf jeden einzelnen Zettel und lässt die Entscheidung und den Platz ein paar Minuten in Ruhe auf dich wirken. Spüre jedes Mal hinein, wie du dich fühlst und wie es dir dabei geht. Vor dem Wechsel auf den nächsten Zettel schüttelst du dich kurz ab, damit du gefühlsmäßig dafür frei bist. Wenn du durch bist, überlegst du dir, an welcher Stelle und auf welchem Zettel du dich am besten gefühlt hast. Dann checkst du, welche Frage beziehungsweise welche Entscheidungsalternative auf dem Zettel stand, und lässt das Ganze noch einmal auf dich wirken. Falls es sich für dich immer noch richtig anfühlt, berücksichtige diese Erkenntnis bei deiner Entscheidung.

Wir hoffen, dass wir dir mit den verschiedenen Entscheidungstechniken nützliche Anregungen geben konnten, damit du aus der einen oder anderen Ambivalenzfalle und damit aus problematischen und stressigen Situationen herausfindest.

Was hilft mir zur Veränderung?

In den ersten beiden Teilen dieses Kapitels ging es darum, zu verstehen, was dich in den Burnout treibt und welche Motive, Verhaltensweisen und Glaubenssätze dich im Stress festhalten. Nun bekommst du drei wichtige Denkzeuge an die Hand, die dir helfen können, endlich aus dem Stress herauszukommen.

Dein Wunsch nach Veränderung wird unterstützt, indem du

- Schuldzuweisungen und Rechtfertigungen vermeidest,
- nach außen sichtbar bist und gehört wirst,
- den richtigen Ton im Dialog mit anderen Menschen findest.

In ihrer Anwendung spürt man bei diesen Denkzeugen eine sofortige Verbesserung im Umgang mit anderen. Sie erfordern aber auch eine größere Bereitschaft zur Selbstkritik und viel mehr Mut, über den eigenen Schatten zu springen, als die bisher vorgestellten Denkzeuge.

DENKZEUG #10:
NICHT LÄNGER AUF DIE ANDEREN – WARTEN – DIE TÜR ZUR VERÄNDERUNG

WORUM GEHT'S?

»Der war schuld!« Ein Satz, der uns oft reflexartig über die Lippen kommt, wenn wir die Verantwortung für einen Fehler von uns weisen wollen. Und der uns leider zum Verhängnis werden kann. Schuldzuweisungen gehören zu den größten Hindernissen auf dem Weg aus dem Stress, denn wer die Verantwortung für die eigenen Probleme auf andere abschiebt, hat es nicht mehr in der Hand, seine Situation zu verbessern.

ZIEL DES DENKZEUGS

Gezielt Verantwortung für die eigenen Stressthemen zu übernehmen. Denn nur wenn du Verantwortung übernimmst und zu deinen Fehlern stehst, hast du die Chance, daraus zu lernen und deine Situation zu entschärfen.

SCHULDZUWEISUNGEN – DER LEICHTE, ABER FATALE FLUCHTWEG AUS DER SELBSTVERANTWORTUNG

Oliver bekam vor ein paar Jahren auf einer Weihnachtsparty von einer Bekannten Skizzen für ein Kinderbuch gezeigt, das sie gerne veröffentlichen wollte. Sie zeichnete sehr gut. Oliver war natürlich gleich mit ein paar Tipps zur Hand, auf welche Art und Weise sie Verleger und Agenten ansprechen könnte, um als Autorin ernst genommen zu werden und sicherzustellen, dass sich die Verlage ihre Ideen zumindest einmal anschauten. Zwei Jahre später traf er seine Bekannte wieder auf einer Party und fragte, wo er ihr Buch bestellen könne. Sie schüttelte traurig den Kopf und erzählte eine halbe Stunde lang, warum »es« noch nicht dazu gekommen war: Ihr Mann sei entlassen worden, und statt ihr mit den Kindern zu helfen, hänge er nur noch im Fitnesszentrum herum. Eine Freundin, die texten sollte, sei weggezogen. In der Arbeit habe sie Stress mit ihrem Boss, der sie mental blockiere, und dann sei da noch etwas mit der Schwiegermutter und so weiter und so fort. Auch zwei Jahre später hatte sich nichts geändert und bis heute schmoren ein paar wunderbare Ideen und Zeichnungen in irgendeiner Küchenschublade und warten still darauf, vielleicht eines Tages ein paar Kinderherzen zu erfreuen.

Es gibt viele Gründe, warum wir Projekte und Aktivitäten nicht umsetzen oder zu Ende bringen, obwohl wir uns das fest vorgenommen hatten und es vielleicht sogar voller Elan angegangen sind. Und dennoch enden sie schließlich auf dem »Boulevard der zerbrochenen Träume«[11]. Ertappst du dich manchmal dabei, Ähnliches zu sagen oder zu denken? Beispielsweise:

- »Wenn mein Mann unsere Finanzen besser im Griff gehabt hätte, wären wir jetzt schuldenfrei!«

- »Ich habe meinen Traumjob nicht bekommen, weil meine Eltern mich auf die falsche Schule geschickt haben.«

- »Mein Wecker hat nicht geklingelt, deshalb habe ich jetzt den Flug verpasst!«

---

[11] Frei nach dem Song »Boulevard of broken dreams« der Band Green Day aus dem Album »American Idiot«, 2004.

In der Regel greifen wir zu solchen Argumenten, weil wir immer wieder nach gewichtigen Gründen suchen, um uns selbst und anderen erklären zu können, warum etwas nicht geklappt hat, und um anderen die Schuld dafür zuzuschieben. Dieser Mechanismus setzt ein, wenn

- unser Umfeld uns mit Kritik konfrontiert,
- es uns misslingt, unsere Ziele zu erreichen,
- unser Umfeld unsere Erwartungen enttäuscht.

Psychologisch korrekt umschreibt man dieses Phänomen der Selbstsabotage mit »Schuldzuweisungen und Rechtfertigungen machen«. »Schuld« ist ein schwerer Begriff, denn niemand will an etwas schuld sein. Ironischerweise sind wir aber alle Meister darin, Schuld abzuwälzen:

- auf den Partner, der unsere Beziehung vernachlässigt
- auf den Chef, der unsere Leistung nicht honoriert
- auf die Politik, die falsche Gesetze macht
- auf die Ärzte, die uns nicht die richtige Medizin verschrieben haben

Wenn du aufmerksam durch den Tag gehst, wirst du sehen, dass uns an jeder Ecke Schuldzuweisungen begegnen.

Schuldzuweisungen im Selbstgespräch: Selbst wenn wir unsere eigene Erwartungshaltung nicht erfüllen, suchen wir den Fehler nicht bei uns, sondern erst einmal bei einem anderen. Ein klassisches Beispiel dafür: »Welcher Idiot hat eigentlich das Klopapier nicht wieder aufgefüllt?« Aber ist es wirklich nur die Aufgabe der Putzfrau oder von wem auch immer, dafür zu sorgen, dass das Klopapier nicht ausgeht? Wer trägt letztendlich die Verantwortung für unsere Geschäfte?

Schuldzuweisungen im Dialog: Den meisten Menschen fällt es in der Regel schwer, kritisiert zu werden oder für etwas Verantwortung zu übernehmen, das nicht funktioniert oder nicht richtig läuft. Insbesondere Menschen mit stark ausgeprägten Bestätigungs- und Perfektionismusmotiven haben damit zu kämpfen.

Schuldzuweisungen als soziales Ventil: Wer hat nicht schon mal ge-lästert? Angestellte verbringen im Schnitt sogar 65 Stunden[12] pro Jahr damit. Lästern über den Chef oder die Kollegen, die gerade nicht da sind, dient als Ventil und kann durchaus erst einmal Stress abbauen. Im Gespräch mit anderen entstehen dabei kurzzeitig Gefühle der inneren Verbundenheit und eine Steigerung des Selbstwertgefühls, weil man ei-nen anderen kleinmacht. Allerdings wiegen die Schattenseiten schwer: Wer zu viel über andere lästert, wird schnell zum Klatschmaul und kann das Vertrauen verlieren. Außerdem trägt man durch Lästern nicht au-tomatisch dazu bei, besser zu sein als die anderen – eher im Gegenteil.

Schuldzuweisungen, um Geld zu verdienen: Vielleicht hast du von der Frau gehört, die McDonald's auf Millionen verklagte, weil sie sich heißen Kaffee auf den Schoß gegossen hatte (»Der Becher war falsch konstruiert!«). Anschließend machten ihr das 26 Briten, die sich eben-falls verbrüht hatten, nach (»Der Kaffee oder Tee war zu heiß!«). Oder nehmen wir die Geschichte der Frau, die Ferrero wegen irreführender Werbung verklagte, weil sie herausgefunden hatte, dass Nutella ihre Kinder fett machte und es sich nicht – wie das Etikett den Kunden glau-ben machen wollte – um ein »gesundes Nahrungsmittel« handelte. Da-bei hätte ihr ein kurzer Blick auf die Zutatenliste verraten, dass Nutella aus extrem fett- und kalorienhaltigen Inhaltsstoffen wie Zucker, Palm-kernöl, Haselnüssen, saturiertem Fett und Kakao besteht.

Ganz unabhängig davon, ob die Richter für oder gegen die Konsumen-ten entscheiden: Wer andere für sein eigenes Versagen verantwortlich macht, erweist sich damit keinen Gefallen. Welche Auswirkungen es hat, wenn wir alles von uns weg und auf andere schieben?

- Wir geben wir die Verantwortung und die Möglichkeit, eine Lösung zu finden, an andere ab.

- Wir machen uns zum beleidigten Opfer, jammern nur noch herum und verursachen damit selbst unsere schlechte Stimmung.

- Das Problem bleibt ungelöst.

- Wir spielen uns wie ein Richter über etwas auf, woran wir selbst Schuld haben.

---

[12] http://www.deutsche-bildung.de/wissenplus/info-center/karriere/news/laesteralarm-wenn-die-kaffeekueche-zur-geruechtekueche-wird.html

● Wir empfinden es als etwas Schlimmes, Fehler zu begehen, statt sie als Chance zu sehen, etwas zu lernen und zu verbessern.

Die Liste ließe sich ewig weiterführen. Nur bringt *uns* das leider nicht weiter – im Gegenteil! Schuldzuweisungen hindern uns daran, selbstbestimmt zu leben.

Statt anderen die Schuld in die Schuhe zu schieben, sollten wir lieber überlegen, was von unserer Seite schiefgelaufen ist, und darüber nachdenken, wie wir es wieder geradebiegen können. Sich Fehler einzugestehen macht uns in den Augen der anderen nicht etwa kleiner, sondern größer. Zum einen sind sie erleichtert, weil sie nicht mehr den schwarzen Peter haben. Zum anderen fühlen *wir* uns besser, weil wir ehrlich waren, auch wenn es uns etwas Überwindung kostete. Das ist ein wichtiger Schritt aus dem Stress.

EIN PFAD, UM SCHULDZUWEISUNGEN ZU VERMEIDEN

Die folgende Grafik zeigt dir, welche Möglichkeiten du hast, ein stressiges Problem zu lösen, ohne anderen die Schuld zu geben.

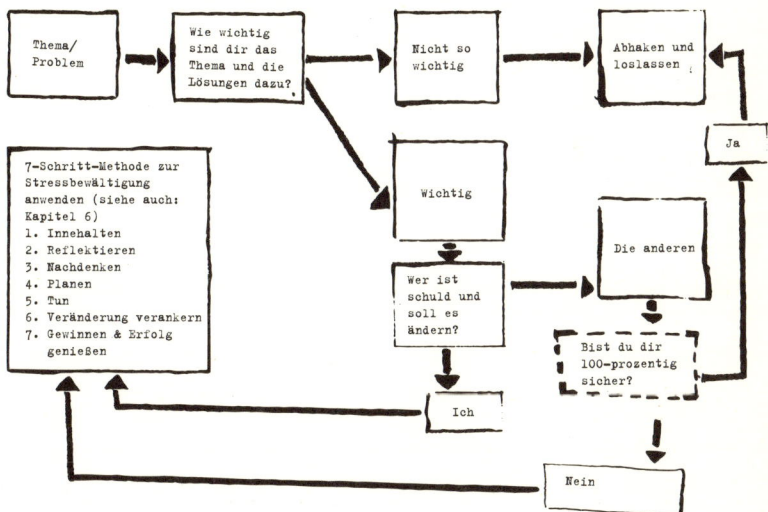

DAS AUSMASS MEINER SCHULDZUWEISUNGEN REFLEKTIEREN

Bei dieser Übung geht es darum zu überlegen, in welchem Ausmaß du in deinem Leben Schuldzuweisungen eingesetzt hast, um dir die eigenen Misserfolge zu erklären. Darüber hinaus kannst du herausfinden, wie du dadurch in stressige Situationen geschlittert bist, die zum Burnout führen können. Dabei nehmen wir die Idee des »Boulevard der zerbrochenen Träume vom Anfang wieder auf. Starten wir mit einem kurzen Selbsttest. Bitte stelle dich den folgenden Fragen:

Wie gefährdet bin ich, Schuldzuweisungen vorzunehmen?

1. Wer ist für mein Schicksal verantwortlich?   ☐ Ich   ☐ Andere

   Ich sehe mich grundsätzlich als   ☐ Opfer   ☐ Gewinner

2. Wen/was mache ich dafür verantwortlich, wenn mich eine Situation stresst?

   ☐ Übergewicht (»Mein Stoffwechsel ist schlecht.«)

   ☐ Zu viel Hausarbeit (»Mein Partner drückt sich.«)

   ☐ Finanzieller Engpass (»Die Bank hat mich falsch beraten.«)

   ☐ Zu viele Überstunden (»Mein Chef nutzt mich aus.«)

Frage dich jetzt, welche Stressthemen dich plagen und wer dafür verantwortlich ist. Trage deine Antworten in die folgende Tabelle ein:

Stressthema	Wer/was ist schuld?	Was kann ich tun?

WIE MAN OHNE SCHULDZUWEISUNGEN DURCH DEN TAG KOMMT

Mit den folgenden drei Verhaltensweisen kannst du dich selbst darin unterstützen, nicht immer wieder in die Schuldzuweisungs- und Rechtfertigungsfalle zu tappen.

1. Schiebe einen ganzen Tag lang niemandem die Schuld für irgendetwas zu, sondern überlege stattdessen jedes Mal, ob du selbst Verantwortung übernehmen könntest, und übernimm sie dann. Zieh dir dazu ein Gummiband über dein Handgelenk und lass es bis zum Abend an. Beobachte deine Selbstgespräche und Gespräche mit anderen sehr aufmerksam. Jedes Mal, wenn du dich dabei erwischst, eine Schuldzuweisung auszusprechen, ziehst du an dem Gummi und lässt ihn auf dein Handgelenk schnalzen. Bonusübung für die positive Veränderung deiner Umwelt: Lass das Band auch jedes Mal schnalzen, sobald jemand anders dir eine Schuld zuweist, und diskutiere mit deinem Gegenüber darüber.

2. Streiche in konfliktreichen Gesprächen das Wort »du« aus deinem Wortschatz und ersetze es durch »ich«. Du wirst feststellen, wie schnell sich dadurch die Stimmung und der Ton entschärfen.

3. Nutze Manfred Priors Tipp, den er die »**VW**-Regel« nennt. Formuliere dazu **V**orwürfe in **W**ünsche um und nimm damit gleich viel streitbare Energie aus einem Gespräch heraus.

Die Kür: Verlasse die Welt besser, als du sie vorgefunden hast – Olivers Erfahrung

Als Mitglied des Board of Directors der progressiven »Anser Charter School« in Amerika begleitete ich viele Schulausflüge von Erst- bis Neuntklässlern zu den Naturschönheiten Idahos. Beeindruckend war dabei immer, wie die Lehrer ihre Schüler dazu brachten, die Orte, die sie besuchten, sauberer zu verlassen, als sie sie vorgefunden hatten. Dazu gab es drei eiserne Regeln:

1. Alles, was du selbst mitgebracht hast (Verpackungen, Müll etc.), nimmst du auch wieder mit nach Hause.

2. *Such den Boden um dich herum nach »Micro-Trash« (»Mikromüll« – zum Beispiel kleinste Schnipsel Silberfolie von Kaugummiverpackungen) ab und stecke ihn ein.*

3. *Alles, was du nicht selbst mitgebracht hast, aber andere unachtsam haben liegen lassen, nimmst du ebenfalls mit.*

An den dritten Punkt musste ich mich erst gewöhnen. Schließlich war ja jemand anders daran schuld, dass der Müll dort lag. Und warum sollte man die Müllabfuhr und Waldarbeiter arbeitslos machen? Richtig war aber auch, dass der Müll das Landschaftsbild störte. Und warum sollte man dem nächsten Besucher nicht diesen Genuss unberührter Natur gönnen, wenn man sich dazu nur ein wenig bücken musste? Irgendwann wurde mir das schließlich zur Gewohnheit. Und wenn ich heute herumliegendes Papier finde, verfalle ich erst in eine kurze Grummelphase, die sich etwa so äußert: »Wie kann jemand nur so unachtsam sein und sein Zeug einfach liegen lassen?« Dann besinne ich mich, rappele mich auf, beseitige das Problem und gehe anschließend in eine »Feel-Good«-Phase über, in der ich stolz auf mich bin, weil ich fühle, dass ich ein guter Mensch bin und etwas Gutes für die Welt tue.

Versuche das doch auch einmal – man fühlt sich anschließend wie ein kleiner Wohltäter!

DENKZEUG #11:
REDEN UND REDEN LASSEN –
DIE KRAFT DER KOMMUNIKATION

WORUM GEHT'S?

Missverständnisse in der Kommunikation verursachen oft mehr Stress, als uns lieb ist. Besonders schwierig wird es, wenn die Kommunikation nicht auf Augenhöhe stattfindet. Das kann passieren, sobald wir uns nicht ernst genommen fühlen, weil uns jemand wie ein kleines Kind behandelt, oder auch weil wir das Gefühl haben, jemandem gegenüberzustehen, der sich wie ein kleines Kind benimmt.

ZIEL DES DENKZEUGS

Zu erfahren, wie du dich im Austausch mit anderen verhältst, und die richtige Kommunikationsebene zu finden.

KOMMUNIKATION AUF DER RICHTIGEN EBENE

Der Autor Paul Watzlawick hat einmal gesagt: »Man kann nicht nicht kommunizieren.« [13] Und er hat recht, denn bei der Kommunikation geht es nicht nur um das, was gesagt wird, sondern auch darum, *wie* etwas gesagt wird oder ob etwas *nicht* gesagt wird. Denn wir kommunizieren auch stillschweigend. Sein Beispiel dazu: Eine Frau starrt im Wartezimmer eines Arztes die ganze Zeit nur auf den Boden. Zunächst könnte man annehmen, sie würde nicht kommunizieren. Dennoch tut sie es, weil sie den anderen Wartenden nonverbal mitteilt, dass sie keinerlei Kontakt möchte.

Nicht nur Worte spielen also eine Rolle, sondern auch Mimik, Gestik und Körperhaltung. Beobachte einmal, was – zwischen den Zeilen – geschieht, wenn du dich mit anderen Menschen austauschst.

- Ist dein Verhalten immer gleich oder veränderst du deine Körpersprache je nachdem, wer dir gegenübersteht, und schlüpfst dabei sogar in verschiedene Rollen?

- Wie verändert sich dein Tonfall, wenn du mit deinem Chef, deinen Eltern, deinem Partner oder deinen Freunden redest?

- Kennst du das Gefühl, jemandem gegenüberzustehen, der eine solche Autorität ausstrahlt, dass du dich kaum traust, selbst etwas zu sagen? Dass du dich plötzlich ganz klein fühlst – wie ein Kind?

- Oder die umgekehrte Situation: Du redest mit jemandem und willst Verantwortung delegieren, übernimmst sie am Ende aber doch wieder selbst, weil dein Gegenüber dich nicht verstehen *will*?

In solchen Momenten befinden wir uns nicht mehr auf Augenhöhe mit unserem Gegenüber und laufen Gefahr, ein unnötiges Kommunikationshindernis aufzubauen, weil wir uns entweder nicht ernst genommen fühlen oder unser Gegenüber nicht ernst nehmen.

Wenn du verstehst, in welcher Rolle oder auf welcher Ebene du selbst kommunizierst, und in welcher Rolle oder auf welcher Ebene dein Gegenüber kommuniziert, dann kannst du

---

[13] Paul Watzlawick über menschliche Kommunikation: Die Axiome von Paul Watzlawick, unter: http://www.paulwatzlawick.de/axiome.html

- Konfliktpotenzial frühzeitig erkennen und aus dem Weg räumen;
- schnell erfassen, wann ein Gespräch besser beendet werden sollte;
- dein Gegenüber argumentativ besser »abholen«;
- mit einem guten Ergebnis und einer guten Stimmung aus einem Gespräch herausgehen;
- im Austausch mit anderen Stress vermeiden und dadurch deine Ziele erreichen.

Der amerikanische Psychologe Eric Berne (1910–1970) und der Facharzt für Psychiatrie Thomas Harris sind die Väter der sogenannten Transaktionsanalyse[14], auf der dieses Kapitel basiert. Dabei handelt es sich um eine Theorie und Methodik, mit der man seine erlebte Wirklichkeit reflektieren, analysieren und bei Bedarf verändern kann. Der Grundgedanke ist der, dass jeder Mensch denken und Probleme lösen kann und in seiner Ganzheit in Ordnung ist.

TRANSAKTIONSANALYSE IM ALLTAG EINGESETZT

Wir haben daraus eine stark vereinfachte Methode für den Einsatz im Alltag entwickelt, die immer wieder wertvolle Hilfe leistet, wenn man sich mit anderen austauscht. Gesprächsteilnehmer nehmen in der Regel eine Rolle ein, die eine der drei folgenden Verhaltensweisen aufweist:

1. **Das Kind-ICH:** unterordnend, aufschauend, bewundernd, anschmiegsam, Trost suchend, neugierig, verspielt, niedlich, gehorsam, nach Anerkennung, Liebe oder Bewunderung suchend, trotzig, rebellisch, aufmüpfig, besserwisserisch, auflehnend, ungehorsam, unvernünftig, draufgängerisch

2. **Das Eltern-ICH:** besorgt, bemüht, unterstützend, verständnisvoll, belehrend, liebevoll, beschützend, verantwortungsvoll, streng, erzieherisch, bevormundend

3. **Das Erwachsenen-ICH:** vernünftig, sachlich, auf Augenhöhe, wertschätzend, respektvoll, ernsthaft, offen

---

[14] http://de.wikipedia.org/wiki/Transaktionsanalyse.

Je nachdem, mit wem wir es zu tun haben, wechseln wir bewusst oder unbewusst zwischen den unterschiedlichen Rollen hin und her und legen dann jeweils das entsprechende Verhalten an den Tag. Daraus ergibt sich schließlich ein gegenseitiges Wechselspiel von Dominanz und Unterordnung, bei dem viele Kommunikationsziele auf der Strecke bleiben.

Wenn wir auf einer Ebene kommunizieren, die in der jeweilige Situation nicht angebracht ist und zum Beispiel im Austausch mit anderen Erwachsenen in die Eltern- oder Kind-Ich-Rolle fallen, blockieren wir uns damit selbst. In der Regel fühlen wir uns in einer solchen Situation nicht verstanden oder ernst genommen. Oder wir wundern uns, dass wir uns wieder um alles selbst kümmern müssen. Sprich: Wir gehen unterm Strich enttäuscht, frustriert oder vielleicht sogar wütend aus einem Gespräch heraus. Das versetzt uns meist auch in einen Stresszustand.

Das lässt sich immer wieder gut beobachten in Gesprächen zwischen Vorgesetzten und Mitarbeitern. Mitarbeiter fühlen sich ihren Vorgesetzten gegenüber oft unterlegen und verlieren mit dieser Haltung im Gespräch leicht die Augenhöhe. Auch in einer Ehe oder Partnerschaft kann dies vorkommen, vor allem wenn der Mann für das finanzielle Auskommen der Familie sorgt und die Frau sich dadurch minderwertig fühlt.

Manchmal geschieht es auch, dass Eltern nicht dazu bereit sind, ihre heranwachsenden Kinder loszulassen, und sie, obwohl diese bereits ein eigenständiges Leben führen, weiterhin bevormunden, ihnen jede Verantwortung abnehmen und sie nicht aus dem Kind-Ich entlassen. Doch Mitarbeiter wie erwachsene Kinder wollen ernst genommen werden. Und Vorgesetzte wie Eltern wünschen sich ein gewisses Verantwortungsbewusstsein bei ihren Mitarbeitern bzw. Kindern.

Natürlich kann ein solches Rollenverhalten auch gewollt sein und über Jahre hinweg gut funktionieren. Doch spätestens wenn dieser Zustand belastend wird oder Stress auslöst, sollte man reagieren. Achte also darauf, auf der richtigen Kommunikationsebene zu bleiben. Konkret heißt das, im Austausch mit Erwachsenen die Rolle des Erwachsenen-ICHs einzunehmen und nur dann die Rolle des Eltern-ICHs zu übernehmen, wenn du mit kleinen Kindern oder auch mit pflegebedürftigen Menschen (die zum Beispiel an Alzheimer leiden) zu tun hast.

Michaela, die »Dauer-Mama«

Ich hatte nach meinem Beinahe-Burnout ein richtiges Aha-Erlebnis, als mir während meiner Ausbildung zum Coach die Bedeutung der Transaktionsanalyse für mein eigenes Leben bewusst wurde. Während ich mich damit eingehender auseinandersetzte, fragte ich mich, was genau mich belastete und welche Menschen um mich herum dabei eine Rolle spielten. Ich stellte fest, dass ich wirklich für alle – also nicht nur für meine Kinder, sondern auch für meinen Lebenspartner, meinen Geschäftspartner und für meine Mitarbeiter – die Mutterrolle übernommen hatte. Von morgens bis abends war ich darum bemüht, dass es allen gut ging. Ich nahm ihnen nicht nur ihre Aufgaben, sondern auch viele Entscheidungen ab. Erst da ging mir auf, dass ich ihnen nie genug Raum gelassen hatte, um eigenverantwortlich zu handeln. Schlagartig wurde mir auch klar, warum ich keinen Dank erntete. Aus ihrer Sicht hatte ich sie nicht ernst genommen, sondern wie Kinder behandelt, deshalb begegneten sie mir aus dem typischen Rollenverhalten heraus entsprechend mit Trotz, Nörgelei und Aufbegehren statt mit Respekt.

Da wusste ich, dass ich etwas verändern musste. Ich fing an, alle wie Erwachsene zu behandeln und mit ihnen auf Augenhöhe zu kommunizieren. Ich nahm sie ernst bei dem, was sie taten, und vertraute darauf, dass sie alles richtig machten. So weit, so gut. Leider hatte ich nicht mit ihren Reaktionen gerechnet, und so gelang mir der Veränderungsprozess nicht so schnell, wie ich mir das erhofft hatte. Die anderen hatten sich ja über viele Jahre an mein Verhalten gewöhnt und konnten sich geistig nicht so schnell umstellen, einige wollten sich auch nicht umstellen. Es war einfach zu bequem, alles abgenommen zu bekommen. In der Konsequenz verließen einige Mitarbeiter deshalb mein Unternehmen, weil es ihnen zu ungemütlich wurde und sie plötzlich selbst denken und handeln mussten – wie erwachsene Menschen eben.

Heute kann ich sagen, dass ich nur noch für meine Tochter in der Mutterrolle stecke, und auch nur dann, wenn es wirklich passt. Meine beiden Söhne sind inzwischen erwachsen und beginnen auf eigenen Beinen zu stehen, entsprechend gehen wir miteinander um. Mein »Aufgaben- und Verantwortungs-Container« hat sich dadurch auf einen kleinen, tragbaren Rucksack reduziert und ich komme nur noch in Ausnahmefällen an meine Grenzen.

Wenn ich heute neue Menschen kennenlerne, versuche ich, ihnen gleich mit meinem authentischen Erwachsenen-Ich gegenüberzutreten, und achte darauf, von ihnen nicht in eine falsche Rolle gedrängt zu werden. Das schreckt zwar einige ab, weil ich dann weniger pflegeleicht bin, aber dann trennen sich unsere Wege eben wieder, damit kann ich umgehen. Nehmen und Geben im Gleichgewicht zu halten, darauf kommt es mir an!

AUF WELCHER EBENE KOMMUNIZIERE ICH?

Um diese Frage zu beantworten, haben wir eine einfache Übung entwickelt, die dir aufzeigt, wie durch die Art und Weise, wie du kommunizierst, Konflikte entstehen können.

Die folgende Tabelle ist in drei Sparten eingeteilt: Kind-Ich, Eltern-Ich und Erwachsenen-Ich. Überlege dir, auf welcher Ebene und in welcher Rolle du anderen Menschen üblicherweise gegenübertrittst. Trage die Personen in die linke Spalte ein und kreuze jeweils die entsprechende Rolle in den restlichen Spalten an. Beginne dabei mit den für dich wichtigsten Menschen: Lebenspartner, Eltern, Kinder, Geschwister, Chef, Kollegen, Freunde usw.

Person	Kind-Ich	Eltern-Ich	Erwachsenen-Ich

Wenn du fertig bist, gehst du noch einmal durch die Liste. Fühl in dich hinein, ob du mit allen Menschen auf der richtigen Ebene kommunizierst.

- Sollte alles passen, wunderbar. Du bist auf dem richtigen Weg. Gratulation! Vielleicht hilft dir diese Methode aber trotzdem, auch in Zukunft achtsam auf der richtigen Kommunikationsebene zu bleiben.

- Ist der eine oder andere Gesprächspartner dabei, bei dem du dich im Eltern-Ich oder Kind-Ich wiederfindest, aber eigentlich im Erwachsen-Ich kommunizieren müsstest? Stresst dich das? Dann notierst du deine Erkenntnisse und Vorsätze in der folgenden Tabelle.

Um Umgang mit wem sollte ich etwas ändern, um meinen Stress zu beseitigen?

Person	Was will ich ändern?

DENKZEUG #12:
AUSSENWIRKSAMKEIT –
SEHEN UND GESEHEN WERDEN

WORUM GEHT'S?

Wenn wir tagtäglich unser Bestes geben, von morgens bis abends im Hamsterrad stecken, uns verausgaben und schließlich erschöpft und frustriert ins Bett fallen, könnte das unter anderem auch daran liegen, dass wieder absolut niemand bemerkt hat, was wir heute Großartiges geleistet haben. Warum nimmt uns keiner wahr? Dem wollen wir hier auf den Grund gehen. Denn wer sich ständig verausgabt, sich nicht bemerkbar machen und anderen keine Grenzen aufzeigen kann, ist besonders gefährdet für einen Burnout.

ZIEL DES DENKZEUGS

Sich der eigenen Möglichkeiten bewusst zu werden, um stärker wahrgenommen zu werden. Du findest eigene Wege, dich in deinem Umfeld bemerkbar zu machen und klarzustellen, wenn dir etwas zu viel wird und du Hilfe brauchst.

Auf leisen Sohlen, wie ein Indianer – Michaelas Weg

Ich war ein lustiges, aufgewecktes Mädchen und hatte viel Freude am Leben. Während meiner gesamten Schulzeit wurde ich immer wieder zur Klassensprecherin und zuletzt auch zur Schülersprecherin gewählt. Das heißt, ich wurde von außen in hohem Maße wahrgenommen und konnte mein offenes Wesen in vollen Zügen ausleben. Zu Hause war das nicht ganz so. Meine Eltern hatten eine kleine Pension, in der meine Schwester und ich mithelfen mussten. Es gab immer viel Arbeit und jeder von uns gab sein Bestes.

Meinen Eltern waren große Bescheidenheit und eine zurückhaltende Art anerzogen worden, beides gaben sie in der Erziehung unterschwellig an mich weiter. So lernte ich in jungen Jahren, meine Aufgaben ohne viel Aufsehen auszuführen. Geredet wurde nur darüber, wenn etwas nicht erledigt worden war. Diese Art zu arbeiten übertrug ich auf mein ganzes Leben.

Wenn ich heute auf diese Zeit zurückblicke, sehe ich mich wie eine Indianerin auf leisen Sohlen arbeiten – so leise, dass ja niemand merkte, was ich alles erledigte, oder sich gestört fühlen konnte. So gelang es mir, unbemerkt alles Anfallende aus dem Weg zu räumen, damit am Ende überhaupt niemandem auffiel, dass es je etwas zu tun gegeben hatte.

Wenn ich alle heiligen Zeiten einen Laut von mir gab, weil mir die Arbeit zu viel wurde, sah ich nur große Fragezeichen und Entsetzen in den Gesichtern um mich herum, was mir signalisierte, dass ich wohl völlig übertrieb. Also machte ich weiter und weiter. Bis, na ja, das weißt du ja mittlerweile schon ... Erst in den letzten Jahren habe ich gelernt, dass es nicht verwerflich ist, seine Bedürfnisse zu äußern und sich nach außen bemerkbar zu machen.

DER WEG NACH DRAUSSEN

Wie man aus dieser Geschichte herauslesen kann, liegt es wieder einmal nur an uns, ob unsere Außenwelt wahrnimmt, was wir alles leisten und was uns belastet, oder nicht. Die meisten Menschen sind in der Regel so mit sich selbst beschäftigt, dass es einfach zu viel verlangt wäre, zu erwarten, als fleißiger Geist aufzufallen und dafür Wertschätzung zu bekommen. Deshalb muss man sich laufend selbst in Szene setzen und zeigen, was man getan hat. Aber das ist leichter gesagt als getan. Zum Glück kann jeder einen passenden Weg finden, um seine Außenwirkung zu verstärken, auch wenn man nicht zu den kontaktfreudigsten Menschen zählt und eher zurückhaltend ist.

Wenn du nach draußen zu wenig Wirkung hast, kann das verschiedene Ursachen haben:

- Du bist so erzogen worden, deine Aktivitäten *nicht an die große Glocke zu hängen.*

- Du besitzt *zu wenig Selbstbewusstsein.*

- Du hast *zu viele Ängste.*

- Du befindest dich auf der *falschen Kommunikationsebene* mit den Menschen in deinem Umfeld und machst dich klein,

- Du verlierst den Kontakt nach außen, weil du zu oft in der virtuellen Welt deines Computers bist.

- Du bist eher ein introvertierter Mensch.

Nachdem wir die ersten vier Punkte bereits in den anderen Kapiteln behandelt haben, konzentrieren wir uns jetzt auf die letzten beiden.

MODERNE KOMMUNIKATIONSMITTEL MACHEN UNS UNSICHTBAR

Beginnen wir mit dem vorletzten Punkt. Moderne Medien und Kommunikationsmittel lassen uns zunehmend von der Bildfläche verschwinden. Beruflich wie privat verbringt man den Großteil seiner Zeit vor Bildschirmen und der Austausch mit anderen findet überwiegend virtuell statt. Der direkte und persönliche Kontakt zu Menschen reduziert sich dadurch massiv. Wie soll der eine den anderen da noch wirklich wahrnehmen können?

Hinzu kommt, dass wir uns mehr und mehr auf die »stille Post« in Form von E-Mails oder Facebook-Einträgen verlassen, statt einfach jemanden anzurufen oder in einem Café zu treffen. Leider werden diese Art der Kontaktversuche am anderen Ende – meist ohne böse Absicht –

übersehen, weil Nachrichten beispielsweise im Spamfilter gelandet sind. Bekommen wir dann keine Antwort, entsteht schnell das Gefühl, dass der andere mit uns nichts zu tun haben möchte. Und schon fühlen wir uns ignoriert und nicht wahrgenommen. Ein Kontaktversuch per Telefon hätte uns sicher weitergebracht.

Es ist also wichtig, nicht nur vor dem Bildschirm zu verharren und sich somit von der Außenwelt abzuschirmen, sondern auch mal zwischendurch die altbewährten Kommunikationsmethoden via Telefon oder Verabredung zu nutzen. Sonst verlieren wir Stück für Stück unsere bestehenden Kontakte und erschweren es uns, neue Kontakte zu knüpfen.

Neben dem Sichtbarsein ist für unsere Außenwirksamkeit auch der Nutzen wichtig, den wir anbieten können. Laut dem Netzwerkexperten Keith Ferrazzi geht es beim Knüpfen und Pflegen von Kontakten nicht nur darum, zu bekommen, was wir wollen, sondern genauso darum, gleichzeitig sicherzustellen, dass die Menschen, die für uns wichtig sind, ebenfalls bekommen, was sie wollen. Das heißt: Wollen wir wahrgenommen werden, müssen wir auch die anderen wahrnehmen. Dazu sollten wir genau wissen, was jeder unserer engeren (Netzwerk-)Kontakte benötigt – und andersherum. Deshalb ist es wichtig, Kontakte *immer* und *regelmäßig* zu pflegen, und zwar auf allen Ebenen der Kommunikation, statt uns nur dann zu melden, wenn wir etwas von anderen brauchen.

Am besten ist es:

- Über ein großes persönliches Netzwerk zu verfügen, das sich auch außerhalb des direkten Arbeitsplatzes befindet und dem man regelmäßig neue Kontakte hinzufügt. Warum außerhalb? Angenommen, du arbeitest seit 15 Jahren bei einer großen Firma und hast dir in dieser Zeit ein großes Netzwerk aufgebaut. Du kennst über 200 Ansprechpartner persönlich und wirst plötzlich entlassen. Da mit einer Abfindungszahlung oft ein Rückkehrverbot verbunden ist, nützt dir dein mühsam erworbenes »Vitamin B« leider gar nichts, denn niemand darf dir dabei helfen, wieder eingestellt zu werden. In diesem Fall wären persönliche Kontakte auch außerhalb deiner alten Firma sehr nützlich und könnten bei der neuen Jobsuche größeren Stress vermeiden.

- Eine Art »Währung« in Form von Fachwissen, Informationen oder Kontakten zu besitzen, um nachhaltig für das eigene Netzwerk interessant zu sein. Denn mit zunehmendem Expertenwissen steigt die Wahrscheinlichkeit, wahrgenommen zu werden.

- Sich regelmäßig der Kontakte im eigenen Netzwerk zu bedienen und sie in Erinnerung zu rufen.

So weit, so gut, aber was machen Menschen, die einfach nicht besonders kontaktfreudig, sondern eher zurückhaltend und introvertiert sind? Auch für sie gibt es Wege, sich nach außen sichtbar zu machen – die sehen allerdings ein bisschen anders aus.

Hier kannst du erst einmal festzustellen, zu welchem Kontakttyp du zählst. Bist du eher introvertiert oder eher extrovertiert? Kreuze auf der folgenden Linie an, wie *du* dich selbst einschätzt:

introvertiert ⟨• •⟩ extrovertiert

Anschließend kreuzt du auf der folgenden Linie an, wo *dein Umfeld* dich sieht (Partner, Kinder, Eltern, Freunde, Bekannte, Kollegen, Chef usw.):

introvertiert ⟨• •⟩ extrovertiert

Falls du die Kreuze an unterschiedlichen Stellen gemacht hast, weil du in deinem engeren Familienumfeld beispielsweise etwas offener bist und dir mehr zutraust, dann frag dich, woran das liegt:

_____

_____

Die folgende Tabelle zeigt noch deutlicher, in welche Richtung du tendierst. Lies die Beschreibungen und kreuze »ja« an, wenn du dich darin wiederfindest, »nein«, wenn nicht.

Wie verhalte ich mich?	ja	nein
Ich denke gerne laut.		
Ich rede spontan und überlege nicht lange.		
Ich rede lieber, als dass ich zuhöre.		
Gespräche beginne meistens ich.		

Es macht mir nichts aus, fremde Menschen anzusprechen.		
Es macht mir Spaß, andere zu unterhalten.		
Ich brauche nicht viel Zeit für mich allein.		
Es gibt mir mehr Energie, unter Menschen als allein zu sein.		
Es macht mir nichts aus, offen über meine Probleme zu sprechen.		
In einer Gesellschaft stehe ich oft im Mittelpunkt.		
Schon in der Schule war ich gerne der Klassenclown.		

Bei mehr als fünf Kreuzen in der Ja-Spalte bist du eher extrovertiert, bei weniger eher introvertiert. Das stellt keine Bewertung dar, denn niemand ist deswegen ein besserer oder schlechterer Mensch.

- Extrovertierte Menschen sind nicht unbedingt arrogant, unsensibel, dominant, egozentrisch oder besitzen ein überbordendes Selbstbewusstsein. Es fällt ihnen nur leichter, aus sich herauszugehen und somit wahrgenommen zu werden. Sie haben mehr Spaß am Reden und tauschen sich gerne aus.

- Auch introvertierte Menschen reden durchaus gerne, aber eher mit vertrauten Menschen. Außerdem beginnen sie nur selten ein Gespräch. Ein Introvertierter braucht das Gefühl, dass sich der andere für ihn interessiert. Nur dann legt er (vielleicht) los. Dieses Gefühl bekommt er allerdings nur, wenn der andere sich für ihn interessiert und Fragen stellt.

Extrovertierte haben es vielleicht einfacher, sich selbst zu »vermarkten« und nach außen zu wirken, weil es ihnen nichts ausmacht, auf fremde Menschen zuzugehen. Aber auch Introvertierte verfügen über Möglichkeiten, sich bemerkbar zu machen. Sie sehen nur etwas anders aus. Michaela bahnt ihre Kontakte – egal ob privat, beruflich oder zum Netzwerken – beispielsweise gerne über Oliver an, der eher extrovertiert ist. Sie schiebt ihn vor und versteckt sich so lange hinter ihm, bis sie sich sicher genug fühlt, in den Vordergrund zu treten. Das ist ihr Weg und er funktioniert sehr gut.

Bestimmt hast du auch eigene Techniken. Mit den folgenden Fragen finden wir diese heraus:

1. Wann hatte ich zuletzt das Gefühl, wahrgenommen zu werden?

_____

2. Was habe ich da gemacht?

_____

3. Wann war ich zuletzt begeistert von mir selbst oder von dem, was ich geschafft oder geleistet habe?

_____

4. Wie haben die anderen das mitbekommen?

_____

5. Welche Methoden könnte ich mir für mich selbst vorstellen, um eine höhere Aufmerksamkeit von anderen zu bekommen und bei zu viel Stress zu signalisieren, dass es mir nicht mehr gut geht dabei: zum Beispiel es selbst kommunizieren; jemand anders bitten, es gemeinsam zu kommunizieren; eine Liste erstellen über das Geleistete und den anderen zu zeigen; denjenigen zum Essen einladen, der zuhören soll ...?

_____

Nun kommen wir zu der Frage, wie du deine Kontakte am besten pflegen und erweitern kannst.

1. Wie habe ich zuletzt eine neue Bekanntschaft geschlossen?

_____

2. Stell jetzt eine Liste von Menschen zusammen, die du gerne kennenlernen willst/musst (vielleicht sogar Stars oder Personen des öffentlichen Lebens; das sind auch »nur« Menschen). Mögliche

Auswahlkriterien können dabei Gemeinsamkeiten und Interessen sein, die du mit ihnen teilst, aber sicherlich auch Popularität, Einfluss oder – falls du einen Job suchst – die Ermächtigung, jemanden wie dich einstellen zu dürfen. Wähle jeweils eine der Strategien, die du gerade aufgeschrieben hast, um sie kennenzulernen:

Wen möchte Ich kennenlernen?	Diese Strategie wende ich dafür an:	Wann gehe ich es an?

3. Wie viele Menschen zählst du momentan bereits zu deinem persönlichen Netzwerk? Ziehe dabei nur Menschen in Erwägung, deren Kontaktdaten du besitzt, die sich auf Anfrage an dich erinnern und mit denen dein persönlicher Kontakt (über Telefon, Newsletter, Post oder E-Mail) nicht länger als ein Jahr zurückliegt. *Zu meinem Netzwerk zähle ich _____ Personen.*

4. Wie viele Menschen möchtest du in deinem Netzwerk haben? Bedenke, dass Quantität allein nicht unbedingt ausschlaggebend für deinen Erfolg ist, sondern auch das Wissen und der Einfluss deiner Kontakte eine Rolle spielen. Jeder Mensch ist auf eine ganz indivi-

duelle Art und Weise und in bestimmten Bereichen und Lebenssituationen geschickt und kann vielleicht etwas, das für dich nützlich ist. Versuche herauszufinden, was die Menschen, die du kennenlernen möchtest, können, das du nicht kannst, und was du davon für dich übernehmen möchtest, um dich weiterzuentwickeln.

Ich möchte gerne _____ *Personen zu meinem Netzwerk zählen.* Eine Zahl von 500 bis 2000 Kontakten liegt durchaus im Bereich des Möglichen.

5. Wie viel Zeit stellst du wöchentlich bereit, um dein Netzwerk aktiv zu vergrößern?

Ich stelle _____ *Stunden für meine Netzwerkarbeit bereit.*

6. Was kannst du deinem Netzwerk als »Währung« anbieten? Wie wirst du bei den Menschen in deinem Umfeld bekannter?

_____

_____

Anregungen, um das eigene Netzwerk zu vergrößern

Einmalige Aktionen

☐ *Nutzung neuer elektronischer Netzwerke*

Richte eine eigene Profilseite bei Netzwerken (beispielsweise XING, LinkedIn oder Facebook).

☐ *Nutzung traditioneller Netzwerke*

Tritt Verbänden oder Organisationen bei, die in deiner Stadt aktiv sind (Lions Club, Marketing Club, Rotarier etc.).

☐ *Wissen*

Kaufe und lies mindestens je ein Buch zu den Themen: Verkauf, Netzwerkaufbau, Kalt-Akquise, Selbst- und Eigenmarketing und Branding. Auch wenn das nicht für jede Berufsgruppe direkt nützlich erscheint, so bekommt man doch den einen oder anderen nützlichen Tipp, um die eigene Persönlichkeit besser nach außen zu tragen.

☐ *Kontakte*

Stell dir eine Liste von Leuten zusammen, die du gerne persönlich kennenlernen möchtest, weil sie dich interessieren oder ihr euch gegenseitig nützlich sein könntet. Versuche, sie direkt oder über dein Netzwerk anzusprechen.

☐ *Eigene Aktionen*

Tägliche/monatliche Aktionen

☐ Trage bei geschäftlichen Aktivitäten wie auch bei der Jobsuche immer Visitenkarten bei dir und verteile sie, um etwas Greifbares von dir zu hinterlassen.

☐ Halte Kontakt zu früheren Schul- und Studienkollegen (das gelingt auch introvertierten Menschen).

☐ Wenn du jemanden kennenlernst, schreib ihm am nächsten Tag eine freundliche E-Mail, bedanke dich für das nette Gespräch und die Zeit, die dir dein Gegenüber geschenkt hat, und rufe dich nach ca. einem Monat wieder in Erinnerung, wenn du den Kontakt halten möchtest.

☐ Geh monatlich zu mindestens einer neuen kulturellen oder geschäftlichen Veranstaltung mit dem Ziel, neue Leute kennenzulernen. Beispiele: Sportverein, Univeranstaltung, Autorenlesung, Konzert, Parteitreffen. Bitte gegebenenfalls jemanden, dich zu begleiten, wenn es dir allein zu schwerfällt.

☐ Poste zum Aufbau deiner »Eigenmarke« regelmäßig auf Twitter, Facebook, in Foren, die dich interessieren, oder schreib einen Blog, um deine Breitenwirkung zu erhöhen und dafür zu sorgen, dass du wahrgenommen wirst.

☐ Eigene Aktionen:

So, nun dürftest du gerüstet sein, um in Stresssituationen auf dich aufmerksam zu machen und für mehr Sichtbarkeit bei deinen Kontakten zu sorgen.

6. SO KOMM ICH RAUS – DIE WIRKSAMSTE STRATEGIE ZUR STRESSBEWÄLTIGUNG IN 7 SCHRITTEN

Natürlich führen immer mehrere Wege nach Rom und vielleicht klingt es, als wären wir ein wenig größenwahnsinnig, wenn wir behaupten, wir hätten *die* wirksamste Strategie zur Stressbewältigung. Aber wir wollen es einem wirklich gestressten Menschen nicht auch noch zumuten, eine von vielen verschiedenen Strategien auswählen zu müssen. Das ist doch viel zu anstrengend, oder?

Und wir können mit Bestimmtheit sagen, dass unsere *eine* Strategie eine optimale Technik beinhaltet, die »vom Denken zum Tun« führt. Sie dient bei den meisten unserer Coaching- und Beratungsprozesse als Grundlage. Mit ihr lassen sich persönliche Veränderungen anstoßen, Probleme lösen und Ziele erreichen. In Kombination mit den 12 Denkzeugen aus Kapitel 5 bietet sie den perfekten Weg zum Stressabbau.

Wie in den letzten Kapiteln bereits festgestellt, treibt uns niemand in den Burnout, das tun wir selbst durch unser eigenes Verhalten. Sei es, weil wir uns von unseren inneren Motiven beeinflussen lassen, ohne dass es uns bewusst ist, oder weil wir nicht energisch genug Nein sagen können, wenn aus allen möglichen Richtungen Wünsche oder Forderungen an uns herangetragen werden. Oder auch, weil wir uns verausgaben, wenn wir wieder einmal zu schnell zu viel wollen. Wir *selbst* müssen uns also verändern, um uns *selbst* aus der negativen Spirale befreien zu können. Und genau dabei hilft unsere 7-Schritte-Strategie.

Die SOG-Technik der Navy Seals

Bei der Entwicklung der Strategie hat uns eine Technik der Navy Seals, das ist eine US-Elite-Soldatentruppe, stark beeinflusst. Um in diese Elite-Einheit aufgenommen zu werden, müssen die Soldaten eine der härtesten Aufnahmeprüfungen der Welt absolvieren. Auf die Frage, wie sie diese harte Prüfung schaffen konnten, nennen die Absolventen immer wieder die SOG-Technik. SOG steht für »Simple Obtainable Goals« – zu deutsch: »einfach erreichbare Ziele«.

Indem die Soldaten sich immer nur die nächste, für sie erreichbare Aufgabe vor Augen halten, vermeiden sie, dass das große, übermächtige Ziel sie blockiert und ihnen die Zuversicht raubt. Haben sie eine Aufgabe erfolgreich gemeistert, macht ihnen das Mut und gibt ihnen die Selbstsicherheit, auch die nächste Aufgabe anzugehen. So erreichen sie Schritt für Schritt das Ziel, das anderen unerreichbar schien.

Die Chiemsee-Denkzeuge-Methode

Die Chiemsee-Denkzeuge®-Methode nutzt das gleiche Prinzip. Auch wir zerteilen den Lösungsweg in mehrere kleine Abschnitte, fangen bei der Umsetzung mit einem ersten Schritt an und bauen dann systematisch darauf auf.

Wie bereits viele Geistesblitze und großartige Ideen auf einer Papierserviette geboren wurden, brachte auch Michaela die Grundidee und damit den Ursprung der Methode auf einer Serviette in einem Münchner Café zu Papier.

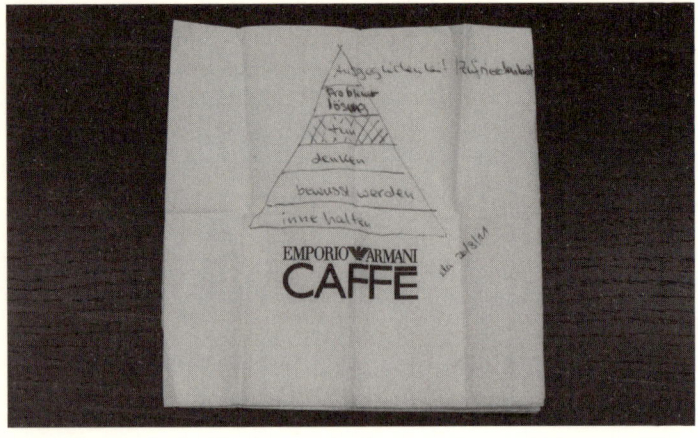

Die Idee entstand bei der Suche nach Antworten auf die Fragen, warum Menschen es nicht schaffen, selbstbestimmt zu leben, und wo sie stecken bleiben. Dabei sind wir auf sieben verschiedene Schritte gestoßen:

1. Innehalten

2. Reflektieren

3. Nachdenken

4. Planen

5. Tun

6. Verankern

7. Win – Erfolg genießen

Gipfelbesteigung für Gestresste: 7 Schritte reichen aus

Genau darauf bauten wir dann die Strategie auf. Wenn man den einzelnen Schritten konsequent und systematisch folgt, wird es kein »Steckenbleiben« mehr geben. In wenigen Monaten entstand daraus ein einzigartiges und kompaktes System zur Stressreduktion und Burnout-Prävention.

SCHRITT #1:
INNEHALTEN – DER ERSTE SCHRITT IST BEREITS GETAN

> »Unzufriedenheit ist der erste Schritt zum Erfolg.«
>
> Oscar Wilde

Vermutlich liest du diese Zeilen gerade, weil du mit irgendeiner Situation oder mit deinem Leben insgesamt momentan nicht hundertprozentig zufrieden bist. Mit dem Kauf dieses Buches hast du bereits den ersten Schritt getan, um etwas daran zu ändern.

Wir sind der Überzeugung, dass der erste Schritt zwar sehr wichtig ist, aber eben auch nur ein erster Schritt. Er führt dich noch nicht ans Ziel. Oft genug konnten wir beobachten, dass Unmut nicht allein dadurch verschwindet, dass man ihn äußert. Manche belassen es dabei, »leise vor sich hinzuleiden«, während andere ihren Stress und ihre Probleme lautstark bei Freunden bejammern und dabei anderen die Schuld für ihr Schicksal geben. Das Resultat: Sie sind deprimiert und sehen keinen Ausweg mehr.

Wenn du allerdings schon Kapitel 5 durchgearbeitet hast, und wir hoffen das, wirst du nicht mehr in eine dieser Fallen tappen und dich jetzt stattdessen frisch gerüstet auf den Weg machen. Nimm dir für jeden einzelnen Schritt so viel Zeit, wie du brauchst. Aber gib nie auf und lass dich nicht von deinem Weg abbringen, bis du deine Unzufriedenheit beseitigt und das erreicht hast, was du dir vorgenommen hast!

Der erste Schritt, der Moment des Innehaltens, ist dabei ganz zentral, weil wir bereit sein müssen, uns unserer Lage oder der Situation mit all ihren Problemen zu stellen, sie uns bewusst zu machen, ihr ins Auge zu blicken und uns eventuell auch einen Spiegel vorzuhalten. Das ist nicht einfach, aber du bist damit den meisten Menschen schon einen großen Schritt voraus. Du hast diese erste große Hürde, die wir überwinden müssen, um in unserem Leben voranzukommen, bereits gemeistert: Du hast die Bereitschaft aufgebracht, selbst aktiv zu werden, und gewagt, über dich selbst und deine Lage nachzudenken, ohne gleich zu verzweifeln. Selbstreflexion oder auch Selbsterkenntnis sind die Schlagworte dazu. Das sind übrigens Fähigkeiten, über die nur wir Menschen verfügen. Kein anderes Lebewesen ist dazu fähig. Wir sollten dieses schöne Geschenk also nicht verkümmern lassen, sondern nutzen und uns damit den Weg frei machen, um uns weiterzuentwickeln.

Aber selbst das Innehalten bedeutet schon einen Akt, vor dem viele Menschen Angst haben: Angst vor Veränderung, Angst vor unangenehmen Entscheidungen, Angst vor den Konsequenzen, Angst vor noch mehr Verantwortung. Aber welche – große – Angst steckt dahinter? Probleme als solche zu erkennen und die Herausforderung, sie lösen zu müssen, anzunehmen. Das reißt uns aus unserem gewohnten Trott und damit aus unserer »Komfortzone«, die den Namen gar nicht mehr verdient, weil sie sicherlich nicht mehr sonderlich komfortabel ist.

Wenn es um Probleme geht, versuchen wir gerne, das Problem gar nicht als solches wahrzunehmen. Wir begraben es so lange, wie es nur geht. Am liebsten würden wir es komplett totschweigen. Und ohne das jetzt verallgemeinern zu wollen, scheinen Männer darin die Meister zu sein. Für Männer macht es einfach keinen Sinn, zu reden, weil sie glauben, dass Reden nicht wirklich zu einer Lösung führt. Das fand ein US-Forschungsteam um die Psychologin Amanda Rose in einer Studie heraus.[15] Eine Methode, die mit hundertprozentiger Sicherheit jedem Mann die Nackenhaare aufstellt, besteht also darin, zu verkünden:

---

[15] http://www.cosmopolitan.de/liebe-sex/maenner/a-29827/problemgespraeche-nein-danke.html

»Schatz, wir müssen reden!«

Oh, Horror! Ein Gespräch, das so anfängt, kann nicht gut enden. Es ist immer wieder interessant, zu beobachten, was dieser Satz bei Männern auslöst. Aber egal, ob es jetzt dieser Satz ist oder ein anderer – irgendwann kommt jedes Problem an die Oberfläche und will gelöst werden. Im Zweifelsfall erst dann, wenn man bereits an seine Leidensgrenzen gestoßen ist, der Körper Warnzeichen von sich gibt und ein Ventil nach außen sucht.

Noch während wir dieses Buch schrieben, starb Michaelas Vater nach langer Krankheit. Nicht zuletzt durch ihn und seine Leidensgeschichte erkannten wir, wie wichtig es ist, regelmäßig innezuhalten, zu reflektieren und sich den eigenen Fehlern und Problemen zu stellen. Michaelas Vater war ein sehr liebenswürdiger und ehrlicher Mensch, der für die Menschen, die er liebte, immer alles gab. Er war ehrgeizig, fleißig, leistungsorientiert und von Perfektion getrieben, dazu eisern, willensstark und oft auch stur. Auf der einen Seite halfen ihm diese Eigenschaften sehr, gegen seine schweren Krankheiten zu kämpfen und sie so lange in Schach zu halten, bis er am Ende doch aufgab. Auf der anderen Seite wurden ihm genau diese Charakterzüge im Alltag immer wieder zum Verhängnis.

Vor allem sein Perfektionsdrang verbot es ihm, Fehler zu machen. Weil er sich nie eingestand, einen Fehler begangen zu haben, schob er die Verantwortung für die daraus entstandenen Probleme stets auf andere und machte damit eine Lösung oft unmöglich. Er hatte ja schließlich immer nur sein Bestes gegeben und aus gutem Willen heraus gehandelt. Somit lag es nie an ihm. Und er kam so gut wie nie an den Punkt, einmal innezuhalten, zu reflektieren und sich einem Problem offen zu stellen. Vielmehr wartete er ständig auf Entschuldigungen von anderen, sprach aber selbst fast nie eine aus. Dadurch eckte er in seinem Umfeld immer wieder an. Aber statt sich zu öffnen, war er nicht mehr gesprächsbereit und fraß letzten Endes den ganzen Ärger in sich hinein. Das ging so lange, bis sein Körper es nicht mehr aushielt und seine Ventile nach außen suchte: Krebs, Parkinson, Alzheimer, Epilepsie waren die Folge.

So traurig diese Geschichte ist und so sehr wir ihm aus ganzem Herzen ein schöneres und einfacheres Leben gegönnt hätten, sein Beispiel hat für uns auch ein Gutes: Wir lernten daraus, wie wichtig es ist, sich unangenehmen Situationen zu stellen und nicht zu lange zu warten, bis es keinen Weg mehr zurück gibt. Heute sind bereits die kleinsten körperlichen Anzeichen Stoppschilder für uns, um innezuhalten, die Augen zu öffnen und nach den wahren Auslösern für unsere körperlichen Hilferufe zu suchen. Überraschend: Fast immer werden wir fündig. Meist liegen den Beschwerden keine organischen Ursachen zugrunde, sondern unbehandelte oder unterdrückte Probleme.

Eine Garantie dafür, dass dadurch alles besser wird, gibt es zwar nie, aber sind wir doch einmal ehrlich: Wann stehen die Chancen günstiger, dass sich eine Situation verbessert: Wenn wir etwas dagegen tun oder wenn wir nichts tun? Stillstand ist Rückschritt. Übernehmen wir also Verantwortung für unser Leben und steuern uns selbst mit den nächsten Schritten dorthin, wo wir gern hin möchten!

SCHRITT #2:
REFLEKTIEREN - STRESSFELDER MIT DEM STRESSRADAR ERKENNEN

Im zweiten Schritt analysierst du deine Situation und versuchst herauszufinden, welche Lebensbereiche oder Themen dir am meisten Stress bereiten.

Du hast dir beim Innehalten bereits bewusst gemacht, dass du ein Problem hast, und zugelassen, dass es an die Oberfläche kommt. Jetzt geht es darum, zu spüren, wie stark das Problem ist und wie sehr es dich belastet.

DER STRESSRADAR

Mit unserem Stressradar kannst du ganz schnell deine aktuellen Stressfelder erkennen. Betrachte dazu den Kreis mit zwölf Lebensthemen, die unsere aktuellen Wohlfühl- und Stresszustände maßgeblich beeinflussen.

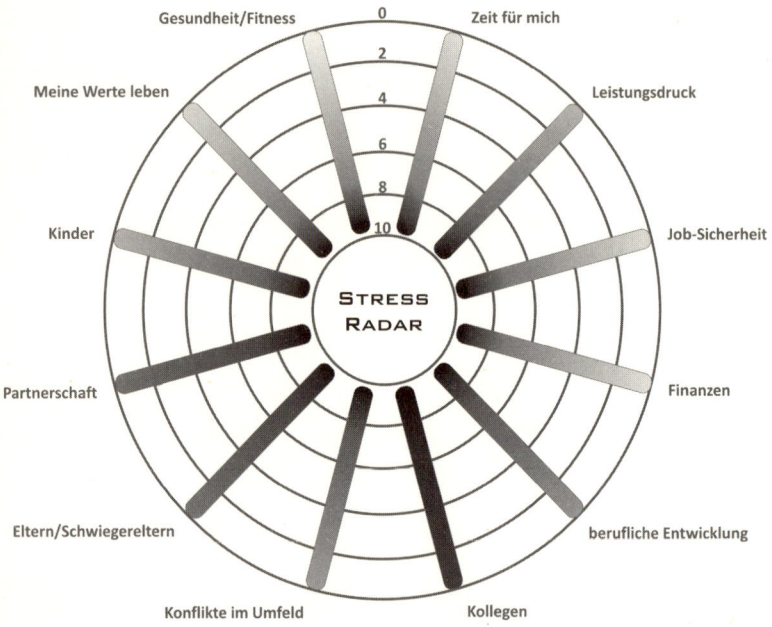

Datum:_____   © 2012 Chiemsee Denkzeuge®

Fang mit dem ersten Thema – »Zeit für mich« – an und bearbeite anschließend jedes der verbleibenden elf Lebensthemen nach folgendem Muster: Wie fühlst du dich momentan in jedem dieser Bereiche? Lege dafür eine Skala von 0 bis 10 (0 = null Stress/äußerst zufrieden; 10 = extrem gestresst/äußerst unzufrieden) zugrunde.

Zeit zur Reflexion: Welche Lebensbereiche stressen dich am meisten?

Anschließend nimmst du einen Stift und setzt auf jeder der zwölf Achsen an der Stelle ein Kreuz, die deinen aktuellen Zustand widerspiegelt.

Wenn du willst, kannst du alle Kreuze durch eine Linie miteinander verbinden. Du bekommst dann ein sogenanntes Netzdiagramm.

AUSWERTUNG

Sobald du alle Kreuzchen gesetzt hast, zeichnet sich ein klares Bild deines aktuellen Zufriedenheits- beziehungsweise Stresszustands ab. Die Kreuzchen, die sich sehr nahe am Zentrum des Kreises befinden, deuten auf die Themen hin, die dich gerade am meisten belasten und deren Lösung du direkt angehen solltest.

> **Tipp:** Fertige am besten ein paar Kopien des Stressradars an. Dann kannst du ihn immer wieder aufs Neue einsetzen, um deine Lage auch in Zukunft zu überprüfen und stressige Punkte bereits im Frühstadium zu erfassen und zu beseitigen. Wenn du eine Momentaufnahme deines Stressradars als Notiz oder Foto festhältst, kannst du sehen, was sich für dich im Laufe der Zeit bereits verbessert hat. Das macht Mut und baut auf.
>
> Alternativ kannst du dir auch unsere »KraftBoxx« zulegen, bei der sich der Stressradar mit Magneten immer wieder neu einstellen lässt, oder unsere App für das iPhone oder den iPad downloaden und deine Fortschritte elektronisch speichern.

Was tun, wenn's gleich an mehreren Stellen brennt?

Falls du mehrere »Krisenherde« entdeckst, solltest du dir überlegen, welchen du zuerst löschen willst. Bei der Entscheidung kannst du abwägen, ob du zuerst ein Problem angehen willst, das sich schnell lösen lässt, oder dasjenige, das dich mit am meisten belastet.

Egal wie du dich entscheidest: Wichtig ist, dass du dich immer nur einer Aufgabe widmest, statt zu versuchen, mehrere gleichzeitig zu bearbeiten. Zum einen erledigen sich manche Problemfelder bereits mit der Lösung des Hauptproblems von selbst oder sie verlieren an Gewicht. Zum anderen solltest du dir nicht zu viel auf einmal vornehmen und, wie in der Einleitung dieses Kapitels erwähnt, gemäß der SOG-Technik vorgehen und eine Aufgabe nach der anderen anpacken. Du brauchst ja nicht noch mehr Stress. Abgesehen davon hat der Wissenschaftler Eyal Ophir 2009 herausgefunden, dass Menschen, die mehrere Aufgaben gleichzeitig bearbeiten (so genannte Multitasker), ineffizienter sind und Gefahr laufen, sich zu verzetteln.

Ab wann wird's kritisch?

Wir werden immer wieder gefragt, ab wann es kritisch wird und man sich besser professionelle Hilfe durch einen Arzt oder Therapeuten holen sollte. Leider können wir dazu keine eindeutigen Zahlenwerte nennen, denn jeder Mensch empfindet die Intensität seiner Stressfelder unterschiedlich und setzt die Kreuze sehr subjektiv, je nachdem, wie stressresistent er ist oder wie stark er »geeicht« ist. Einzelne Stresswerte von 7 bis 10 sind sicherlich bearbeitenswert. Warnflaggen sind definitiv angebracht, wenn die Gesamtpunktzahl aller Felder zusammengenommen bei über 84 Punkten liegt, was einem Durchschnitt von sieben Punkten oder mehr pro Thema entspricht.

Noch wichtiger jedoch, als nur den reinen Wert zu berechnen, ist es, in dich hineinzuhorchen und deine Gefühlslage wie auch dein Verhalten selbstkritisch einzuschätzen. Wenn du dich dabei ertappst, dich abzukapseln, depressiv zu sein, unter Grübelattacken zu leiden, starken Stimmungsschwankungen unterworfen zu sein, Motivations- und Interesselosigkeit zu zeigen, vielleicht sogar apathisch zu werden oder Selbstmordgedanken zu haben, ist es höchste Zeit, einen Spezialisten (Psychologen, Arzt, Coach) zurate zu ziehen. Im Zweifelsfall lieber früher als später!

SCHRITT #3:
NACHDENKEN – DIE SITUATION ERFASSEN

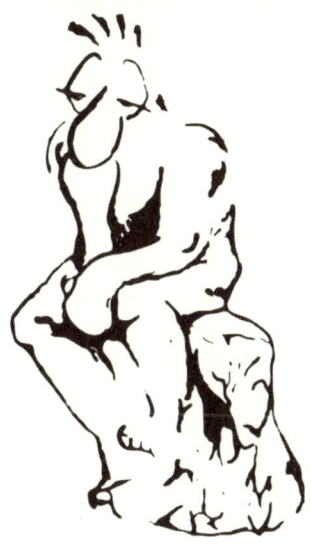

Hermann Hesse schrieb in seinem Buch *Demian*: »Nur das Denken, das wir leben, hat einen Wert.« Genau diese Erkenntnis steckt auch in unserem Motto »Vom Denken zum Tun«, denn was nützt es, wenn wir im Denken stecken bleiben und uns stunden- und tagelang mit Gedanken quälen, aber nie etwas davon umsetzen? Am Ende stresst uns unser eigener Gedankenwirrwarr mehr als das eigentliche Problem.

Das größte Erfolgsgeheimnis liegt unserer Erfahrung nach darin, beim Denken strukturiert vorzugehen und die Problemanalyse zu Papier zu bringen. Deshalb überlegen wir in diesem Schritt, welche »Überschrift« das Problem oder Stressthema hat, und beleuchten es dann von verschiedenen Seiten. Die Kunst besteht also darin, Problem und Lösungsansatz genau zu beschreiben, zu überlegen, wer alles davon betroffen ist und wie lange es wohl dauern kann, bis das Problem gelöst ist. Die vier Kernfragen, die wir dazu entwickelt haben, lauten:

1. WAS ist das Hauptproblem?

2. WER außer mir spielt dabei noch eine Rolle?

3. WIE sieht der optimale Zustand nach der Lösung des Problems aus?

4. WIE VIEL Zeit gebe ich mir für die Lösung des Problems?

Deine Antworten zu den Fragen kannst du entweder direkt ins Buch schreiben oder auf einem Blatt Papier notieren. Kommen wir nun zu den Analysefragen.

1. HAUPTPROBLEM DEFINIEREN: WAS IST DAS HAUPTPROBLEM?

Wenn du dein Hauptproblem beschreibst, versuche es so zu formulieren, dass du dabei keinem anderen die Schuld dafür zuschiebst. Wie bereits in Kapitel 5 unter »Denkzeug #12: Schuldzuweisungen« beschrieben, wird es sonst schwer bis unmöglich, das Problem zu lösen.

Bist du beispielsweise ständig im Streit mit einem Kollegen und hast du das Gefühl, deswegen auch von anderen gemobbt zu werden, dann schreibe nicht: »Mein Kollege ist streitsüchtig und hinterhältig und hetzt die anderen gegen mich auf«, sondern formuliere es so, dass du die Kontrolle über die Lösung behältst, etwa: »Ich fühle mich in der Situation gefangen und ausgeliefert und weiß nicht, was ich dagegen machen kann.«

Falls du mehrere Anläufe brauchst, dein Hauptproblem genau zu formulieren, ist das in Ordnung. Vielleicht kannst du erst einmal aufschreiben, was dir spontan dazu einfällt, darüber schlafen, dir am nächsten Tag alles noch einmal laut vorlesen und überprüfen, ob es sich immer noch richtig anhört. Auch ein Freund oder eine Freundin kann dir unter Umständen bei der präzisen Formulierung behilflich sein.

Analyse: WAS ist das Hauptproblem?

_____

_____

2. INVOLVIERTE PERSONEN BENENNEN: WER AUSSER MIR SPIELT DABEI NOCH EINE ROLLE?

Bei dieser Frage suchen wir die Menschen, die irgendwie in dein Problem involviert sind – als Verursacher, als Leidtragende, als Zuschauer oder als Einflussnehmer. An diesem Punkt ist es wichtig, dir darüber klar zu werden, ob es wirklich dein Problem ist, dass dir zu schaffen macht, oder eventuell das eines anderen. Vielleicht übernimmst du ja die Sorgen nur stellvertretend für einen wichtigen Menschen in deinem Leben.

Hat sich beispielsweise dein Sohn von seiner Freundin oder Frau getrennt und belastet dich das extrem, weil du sie sehr magst, hilft es niemandem, wenn du ihr Leid auf dich nimmst. Zwar bist du indirekt davon betroffen, aber du kannst höchstens als Berater oder Freund fungieren, ihr Trost und Kraft spenden oder moralische Unterstützung anbieten. Aber letztendlich trägt jeder selbst die Verantwortung für das eigene Leben, mit allen Konsequenzen. Unter Umständen ist es vielleicht sogar besser, sich ganz herauszuhalten.

Analyse: WER außer mir spielt dabei noch eine Rolle?

_____

_____

3. DEN OPTIMALEN ZUSTAND BESCHREIBEN: WIE SIEHT ER NACH DER LÖSUNG DES PROBLEMS AUS?

Jetzt kommen wir zu dem Punkt, an dem du dir überlegen sollst, was du gerne mit diesem Prozess erreichen möchtest und wie es sich anfühlt, wenn dein Stresslevel am Ende eine »0« auf dem Stressradar anzeigt. Wie sieht dein Leben aus, wenn das Problem gelöst ist und du dein Ziel erreicht hast? Wenn bei der Formulierung Schwierigkeiten auftauchen, dann lass dir genügend Zeit. Vielleicht hilft dir auch folgende kleine Übung beim Nachdenken:

Lehn dich zurück, schließe die Augen und stell dir vor, es wäre Abend. Du erledigst alles wie gewohnt und gehst zu Bett. Am nächsten Morgen, nach dem Aufwachen, hat sich alles so verändert, wie du es dir gewünscht hast. Spüre tief in dich hinein und frag dich: »Wie sieht mein Leben jetzt aus? Was ist anders, nachdem sich mein Problem in Luft aufgelöst hat?«

Vielleicht liegt dir dein Wunschzustand bereits auf der Zunge, du traust dich aber nicht, ihn zu formulieren und zu Papier zu bringen, weil du unterbewusst schon ahnst, dass dann eine schwierige Entscheidung getroffen werden müsste. Du würdest dich folglich in einem echten Dilemma befinden und in der Ambivalenzfalle (siehe Kapitel 5) stecken. Die Erkenntnisse, die du an jener Stelle gewonnen hast, helfen dir jetzt, da wieder herauszufinden. Versuche noch einmal, deinen Wunschzustand zu formulieren:

Analyse: WIE sieht der optimale Zustand nach der Lösung des Problems aus (Stresslevel 0)?

_____

_____

---

4. DEN LÖSUNGSZEITRAUM FESTLEGEN: WIE VIEL ZEIT GEBE ICH MIR FÜR DIE LÖSUNG DES PROBLEMS?

Bei der Frage, wie viel Zeit du dir für die Problemlösung einräumst, raten wir dir dazu, den Zeitraum eher großzügig zu stecken, denn die Lösung soll ja nicht zu einem neuen Stressfaktor werden. Setz dich nicht zu sehr unter Druck, indem du alles sofort gelöst haben willst, sondern versuche, realistisch einzuschätzen, wie viel Zeit du brauchst. Vermutlich hat sich das Problem ja nicht erst in den letzten paar Tagen ergeben, sondern es keimt bereits seit längerer Zeit in dir. Dementsprechend wird sich auch nicht alles über Nacht lösen lassen. Wenn du dir also ausreichend Zeit dafür lässt, verhilft dir das womöglich bereits zu etwas mehr Gelassenheit.

Analyse: WIE VIEL Zeit gebe ich mir für die Lösung des Problems?

_____

_____

Natürlich kann es passieren, dass sich eine der involvierten Personen bei allem, was du zu tun beabsichtigst, in den Weg stellt. Das solltest du ebenfalls berücksichtigen. Sollte das der Fall sein, könntest du als erste Handlung das Problem »parken«, bis sich die Stimmung etwas beruhigt hat, bevor du wieder in Aktion trittst. Die Zeitfrage hängt also von diversen Faktoren ab. Vor allem wenn du zu den ungeduldigeren Menschen gehörst, ist es wichtig, dir dessen bewusst zu sein. Dann fällt es dir leichter, zu akzeptieren, dass alles seine Zeit braucht, und wirst mit der Situation gleich ganz anders umgehen können.

SCHRITT #4:
PLANEN - MEIN OPTIMALER ZUSTAND

»Planung ohne Ausführung ist meistens nutzlos –
Ausführung ohne Planung ist meistens fatal.«

Willy Meurer, deutsch-kanadischer Kaufmann,
Aphoristiker und Publizist

Nachdem du ausgiebig dein Problem beschrieben und definiert hast, gehen wir jetzt zum letzten Schritt vor der Umsetzung über: zur Planung. Sie bildet die Brücke, um vom Denken zum Tun zu gelangen. Dabei kannst du all deine Erkenntnisse aus Kapitel 5 einsetzen.

Es ist uns klar, dass Planen nicht jedermanns Sache oder Stärke ist. Unser ältester Sohn zum Beispiel verabscheut jede Art der Planung. Er lässt lieber alles auf sich zukommen und belächelt uns gerne, wenn wir eifrig Pläne schmieden. Aber als er letztens vor einem zerlegten Schrank eines schwedischen Herstellers mit unendlich vielen Schrauben saß, war er auf einmal ganz dankbar, dass dem Ganzen ein Bauplan beilag. Wir möchten gar nicht wissen, wie der Schrank sonst am

Ende ausgesehen oder wie lange es gedauert hätte, ihn zusammenzu-
bauen.

Gute Planung erleichtert uns die Durchführung dessen, was zu tun
ist, und ist daher gerade für den Stressabbau von großer Bedeutung. Es
geht schließlich um nicht weniger als *alles* – unsere Gesundheit. Auch
hier gehen wir wieder wie die Navy Seals in einzelnen Schritten vor, damit du dich deinem Ziel systematisch nähern kannst. Bei jedem Schritt
solltest du dir folgende Fragen stellen und beantworten:

1. WAS kann ICH, als Erstes/Zweites/Drittes tun, um den optimalen
   Zustand zu erreichen?

2. WER könnte mir dabei helfen?

3. Bis WANN möchte oder kann ich das erledigt haben?

4. WIE zufrieden bin ich mit mir, wenn ich diesen Schritt vollzogen
   habe?

Hör bei deiner Planung auch auf deine innere Stimme und achte auf
deine inneren Motive.

Wichtig: Die Fragen 1 bis 4 beziehen sich nur auf den ersten
Durchlauf. Möglicherweise hat sich dein Problem danach bereits
erledigt. Falls nicht, plane deinen zweiten Durchlauf mit densel-
ben Fragen. Vielleicht ist auch noch ein dritter nötig, um den gewünschten Erfolg zu erreichen. Erfahrungsgemäß lassen sich die
meisten Probleme in drei Durchläufen lösen.

**1. WAS KANN ICH ALS ERSTES/ZWEITES/DRITTES TUN, UM DEN OP-
TIMALEN ZUSTAND ZU ERREICHEN?**

Überlege dir, was du selbst als Erstes unternehmen kannst, um dein
Problem zu lösen oder dein Ziel zu erreichen. Warte nicht darauf, dass
ein anderer etwas tut, sondern werde selbst aktiv! Manchmal reicht es
schon, das eigene Verhalten minimal zu verändern oder, wenn man
schon viel versucht hat, eine Zeit lang einfach mal nichts zu tun. Vielleicht kommen dir auch ganz neue Ideen. Die Hauptsache ist, dass du

nicht mehr so weitermachst wie bisher. Die Lösung und dein Weg dorthin stecken bereits in dir – du musst sie nur aus dir herausholen. Vielleicht hattest du in Kapitel 5 schon verschiedene Ansätze, die du an dieser Stelle integrieren kannst.

Falls dir trotzdem nichts einfallen sollte, erinnere dich an deine Erfolge in der Vergangenheit. Wie hast du es damals geschafft, ein Problem zu lösen oder ein Ziel zu erreichen? Zeichnet sich vielleicht ein bewährtes Muster ab, nach dem du erneut vorgehen könntest? Aus diesen Erkenntnissen lassen sich eventuell eine oder mehrere persönliche Erfolgsstrategien ziehen, die du in deine Planung integrieren kannst.

Wir haben selbst auch diverse Erfolgsstrategien entdeckt, die wir immer wieder aufs Neue einsetzen. Eine unserer bewährtesten lautet: »Wir akzeptieren kein Nein!« So bekam Oliver beispielsweise seinen ersten Job nach dem Studium. Das Jahr 1989 war nicht gerade von Vollbeschäftigung gekennzeichnet und Berufsanfänger hatten es besonders schwer. Oliver hatte sich bei zehn verschiedenen Firmen beworben, aber nur von einer war er wirklich angetan: Hewlett-Packard. Doch die Firma, die bei Berufsanfängern damals einen ähnlichen Status wie Google heute genoss, war sehr selektiv in der Personalauswahl. Jeder Bewerber musste Interviews nicht nur mit verschiedenen Abteilungsleitern, sondern auch mit acht verschiedenen zukünftigen Kollegen führen, um die Teamfähigkeit abzuklopfen. Nach einem Prozess, der sich zwei Monate lang hinzog, kam die Absage der Personalabteilung: »Leider kein Bedarf.« Gemäß dem alten Verkäufersprichwort »Der Verkauf fängt mit dem Nein erst an« warf Oliver am folgenden Tag die nächste Bewerbung in den Briefkasten. Und erhielt erneut eine Absage. Dann ein drittes Mal. Schließlich klappte es, denn die Chefs wechselten so schnell, dass er jedes Mal wie ein unbeschriebenes Blatt auftauchte und auf vollkommen neue Leute traf.

Allein diese Erfolgsstrategie hat uns viele Male zu großen beruflichen und verkäuferischen Erfolgen verholfen. Der Trick dabei: ein Nein niemals persönlich nehmen, sich von einem ersten Nein nicht entmutigen lassen, wieder aufstehen, sich den Staub abbürsten und es noch einmal probieren. Die innere Einstellung, die man braucht, um das durchzuziehen, verlangt natürlich ein wenig Selbstwertgefühl, aber vor allem erfordert sie endloses Verständnis für den Gesprächspartner. Der innere Dialog läuft in etwa so ab: »Vielleicht hatte er einen schlechten Tag oder keine Zeit oder war abgelenkt und mental nicht für meine Ideen offen. Oder es passierten wichtigere Dinge, als mir zuzuhören. Dann komme ich eben ein anderes Mal wieder. Irgendwann wird's schon passen. Er kann mit mir jedenfalls nur gewinnen. An mir soll es also nicht liegen. Dessen bin ich mir sicher!«

Halte jetzt deinen ersten Aktionsschritt fest:

Aktion: WAS kann ICH als Erstes/Zweites/Drittes tun, um den optimalen Zustand zu erreichen?

_____

_____

2. WER KÖNNTE MIR DABEI HELFEN?

Gibt es jemanden, der dir bei diesem Schritt helfen könnte? Oder kennst du jemanden, von dem du dir Unterstützung wünschen würdest? Direkt oder indirekt, zum Beispiel als Mentor, weil er selbst schon einmal etwas Ähnliches erlebt hat? Oder auch als Vermittler beziehungsweise neudeutsch »Mediator«, weil er besser bei einem Konflikt vermitteln kann als du selbst?

Tipp: Scheu dich nicht davor, andere um Hilfe zu bitten, auch wenn du niemanden belasten willst oder vielleicht eher introvertiert bist und dich nicht traust! Spring über deinen Schatten und versuch´s trotzdem! Du wirst überrascht sein, wie viele Menschen es gibt, die dir gerne helfen wollen.

Aktion: WER könnte mir dabei helfen?

_____

_____

3. BIS WANN MÖCHTE ODER KANN ICH DAS ERLEDIGT HABEN?

Überleg dir auch hier in jedem einzelnen Stadium ein realistisches Datum, das du einhalten kannst, ohne dass es dich stresst. Denke auch gleich darüber nach, wie du dich am besten daran erinnern kannst, damit du den Termin nicht aus den Augen verlierst, aber nicht ständig im Kopf herumträgst. Vielleicht verwendest du ganz banal einen Kalendereintrag oder auch ein Utensil, das du auf den Schreib- oder Nachttisch legst und dich so immer wieder daran erinnert. Ganz egal, die Hauptsache ist, du vergisst es nicht und setzt dich dadurch nicht selbst unter Druck.

Aktion: Bis WANN möchte oder kann ich das erledigt haben?

_____

_____

4. WIE ZUFRIEDEN BIN ICH MIT MIR, WENN ICH DIESEN SCHRITT VOLLZOGEN HABE?

Wenn du deine selbst gestellte Aufgabe erledigt hast, belohne dich damit, im nächsten Kasten ein Smiley-Männchen einzukreisen, das deinen Gefühlszustand nach der Lösung des Problems widerspiegelt. Fühle dazu in dich hinein. Frag dich, ob sich an deiner Lage mittlerweile etwas gebessert hat. Wie hoch ist dein Stresslevel jetzt auf der Skala von 0 bis 10 (0 = gar nicht gestresst, 10 = extrem gestresst)? In der Regel wird sich dein Zustand nun schon etwas gebessert haben. Sollte dem nicht so sein oder solltest du dich sogar noch gestresster fühlen, dann ist das kein Grund zur Sorge. Schließlich hast du etwas in Bewegung gesetzt, was erst einmal für weitere Unruhe sorgen kann. Akzeptiere es als positiven Bestandteil des Prozesses, der dazugehört. Du wirst sehen, dass es mit den nächsten Schritten leichter wird. Falls sich dein Problem noch nicht vollständig gelöst hat, wiederhole den Prozess.

Vielleicht stellst du jetzt auch fest,

- dass es besser wäre, erst einmal ein anderes Thema zu bearbeiten,

- dass du eine Pause brauchst oder

- dass du persönliche Hilfe in Form einer Einzelberatung in Anspruch nehmen möchtest.

Alles ist möglich und erlaubt. Nur wäre es an diesem Punkt schade, ganz aufzugeben und das Problem ungelöst zu lassen.

Nach diesem Schritt fühle ich mich:

SCHRITT #5:
TUN – DURCHFÜHREN UND DRANBLEIBEN

Nun kommen wir zum Wichtigsten: nämlich schrittweise zu handeln. Bleib jetzt nicht im Denken und Planen stecken, sondern setze deinen Aktionsplan um, so wie du es dir vorgenommen hast! Wir können an dieser Stelle nicht mehr allzu viel für dich tun, als dich noch einmal zu motivieren und dir ein paar Tipps an die Hand zu geben:

- **Setze heute um,** was du dir für deine erste Aktion laut Plan vorgenommen hast, und starte auf deinem Weg.
- **Bitte** die Person, die du ausgewählt hast, um Unterstützung.
- **Überprüfe** deinen Fortschritt regelmäßig, damit du deinen eigenen Zeitplan einhalten kannst.

Mach keinen Rückzieher, sondern packe es an und bleib hartnäckig! Du bist bestens vorbereitet. Gut, der erste Schritt, also tatsächlich loszulegen, ist am schwierigsten, weil man

- das Ziel eventuell zu hoch gesteckt hat und es fast unerreichbar erscheint;

- in den letzten beiden Schritten stecken bleibt, sich nur durch Denken und Überlegen mit dem Problem auseinandersetzt und nicht zum Tun übergeht;

- sich aus Angst, zu scheitern, nicht traut, endlich loszugehen;

- sich schwertut, sich für das eine oder das andere zu entscheiden;

- zu schnell aufgibt;

- immer genügend Ausreden findet.

Aber Ausreden helfen einem nicht weiter. Motiviere dich für jeden erledigten Schritt mit kleinen Belohnungen: etwas Süßem, einem Kinobesuch, einem warmen Bad oder was immer dir guttut. Die größte Belohnung besteht jedoch darin, dass du irgendwann deinen Stresspegel reduzieren konntest.

SCHRITT #6:
VERANKERN – ERFOLGSBILANZ NUTZEN

Jedes Mal, wenn wir über uns hinausgewachsen sind und eine große Verhaltensänderung vorgenommen, ein Problem gelöst oder eine schwere Aufgabe bewältigt haben, besteht nach einer Weile die Gefahr, in unsere alten Verhaltensmuster zurückzufallen.

Nehmen wir beispielsweise ein berufliches Training: Erst nimmt man mit viel Engagement teil und erlebt zwei Tage lang sogar so etwas wie einen Höhenflug. Beim Ausmisten der Unterlagen am Jahresende erinnert man sich nur noch an das gute Abendessen, aber nicht mehr daran, was man gelernt hat. Ganz abgesehen davon, dass man auch nur eine einzige Idee umgesetzt hätte.

Genauso verhält es sich mit guten Vorsätzen, die wir gerne zum Jahreswechsel fassen, wie »mehr Sport treiben« oder »Pfunde verlieren«. Wir schaffen es, ein paar Wochen lang die Finger von der Chipstüte und vom Alkohol zu lassen und ein bisschen abzuspecken, aber irgendwann gelingt es uns nicht mehr, länger durchzuhalten. Gründe gibt es viele dafür:

- Die echte Bereitschaft dazu fehlte.

- Das Ziel war zu hoch gesteckt.

- Wir haben uns nicht richtig bewusst gemacht, was es uns bringt, und sehen den Sinn dahinter nicht mehr.

- Das Selbstbewusstsein spielt uns einen Streich – mussten wir uns doch schon zu oft anhören, dass wir nichts zu Ende bringen, nicht gut genug oder zu schwach sind.

- Wir haben uns die Vorsätze von außen aufdrängen lassen, waren aber innerlich noch nicht wirklich bereit dazu.

Um zu vermeiden, sich in dieser Form selbst zu sabotieren und zu enttäuschen, ist es wichtig, erzielte Erfolge sofort zu »verankern«. Dazu haben wir eine Doppelstrategie entwickelt, die unsere inneren Motive und vor allem unser Gehirn in die Pflicht nimmt (siehe dazu Denkzeug #7 »Negative Glaubenssätze«). Sie besteht aus zwei Maßnahmen:

1. Die neue Situation gedanklich zu verankern, *bevor* sie tatsächlich eingetreten ist.

2. Die neue Situation in der Erfolgsbilanz schriftlich zu dokumentieren, *nachdem* sie eingetreten ist.

1. DIE NEUE SITUATION GEDANKLICH VERANKERN, BEVOR SIE TATSÄCHLICH EINGETRETEN IST

Bleiben wir bei dem Wunsch, Pfunde zu verlieren. Verstecktes Fett ist nach neuesten wissenschaftlichen Erkenntnissen maßgeblich für Herzinfarkte verantwortlich. Deshalb ist es sinnvoll, den Körper auf ein gesundes Maß »zurückzuschrumpfen«. Dank der Tatsache, dass wir uns jeden Morgen missmutig im Spiegel betrachten, fütterten wir unser Gehirn über Jahre hinweg mit dem Bild unseres unvorteilhaften, dicken »Ichs«. Das führte dazu – wie bereits im Denkzeug #7, »Negative Glaubenssätze«, ausführlich beschrieben –, dass sich breite und eingefahrene Autobahnen in unserem Gehirn bildeten und dort als »Normalzustand« abgespeichert sind.

Wie ein Autopilot versucht unser Gehirn nun, diesen Zustand weiter aufrechtzuerhalten. Wir können das Steuer zwar kurzzeitig an uns reißen und einige Wochen lang weniger essen, aber sobald wir loslassen, uns mal auf einer Party auch nur ein wenig gehen lassen, unser altes, dickes »Ich« das Steuer wieder in die Hand nimmt – aus ist es mit der schlanken Taille. Das führt schließlich zum berühmten Jojo-Effekt. Wir müssen uns also auf ein neues Ziel ausrichten und unser Gehirn umprogrammieren.

Dabei hilft es, wenn wir unser altes, dickes Selbstbild mit einem neuen, dünneren Selbstbild überspielen – und zwar so farbenfroh, lebendig, fantasievoll und so oft wie möglich. Denn alles, was wir denken können, können wir auch tun. Und Bilder stimulieren unser Gehirn, wenn wir uns regelmäßig positive Szenarien ausmalen. Ganz konkret könnten solche Gedankenspiele etwa so aussehen. Stelle dir beispielsweise immer wieder folgende Situationen vor, wenn du abnehmen willst:

- Du stehst auf der Waage und der Zeiger bleibt schon 10 Kilo *vor* deinem jetzigen Gewicht stehen.

- Du läufst beim Shoppen schnurstracks auf den Ständer mit deiner Wunschgröße zu.

- Beim Abendessen machen deine Freunde Witze darüber, dass du wohl zu Hause nur noch Salat serviert bekommst.

- Du fühlst beim Tanzen endlich wieder etwas anderes als nur deinen eigenen Bauch.

2. DIE NEUE SITUATION IN DER ERFOLGSBILANZ SCHRIFTLICH DOKUMENTIEREN, NACHDEM SIE EINGETRETEN IST

Eine weitere Verankerungsmaßnahme sieht vor, Erfolge schriftlich zu dokumentieren und jederzeit gut zugänglich aufzubewahren. Damit machst du dich für deine zukünftigen Herausforderungen stark, insbesondere in Zeiten der Selbstzweifel. Halte dazu all deine erfolgreich gelösten Probleme und erreichten Ziele mit dem jeweiligen Datum in einer Erfolgsbilanz fest. Ein Beispiel:

Datum	Mai 2012
Problem	Keine Zeit mehr für mich
Ergebnis	Einen Abend in der Woche zur freien Verfügung und am Wochenende einmal ausschlafen können
Wie erreicht?	Schriftlichen Plan aufgestellt; andere um Hilfe gebeten; nicht aufgegeben

Unter »Wie erreicht?« notierst du deine Stärken, Talente, Fähigkeiten oder Erfolgsstrategien, die dich bei der Lösung dieses Problems weitergebracht haben. Damit erweiterst du ständig deine persönliche Sammlung von Denkzeugen, die dir von jetzt an immer helfen werden, entstehende Stressfelder zu eliminieren.

Bereits nach wenigen Monaten wirst du so über ein eigenes »Waffenarsenal« an Erfolgen verfügen, die dir kontinuierlich Selbstsicherheit und Selbstvertrauen verleihen. Und alles, was du tun musst, um deine Batterien wieder aufzuladen oder dich mental für einen neuen Konflikt zu stärken, ist, die Karten hervorzuholen und durchzulesen. Wahrscheinlich entdeckst du darüber hinaus im Lauf der Zeit neue Verhaltensweisen und Erfolgsstrategien, die schon seit jeher in dir schlummerten und die du bei der Bearbeitung deiner Aufgaben in Zukunft jederzeit aktivieren kannst.

SCHRITT #7:
WIN – DEN ERFOLG GENIESSEN

Jetzt hast du es geschafft! Du hast dein Stressthema bewältigt und dich selbst vor einem Burnout bewahrt. Du bist am Ziel angekommen und darfst deinen Erfolg genießen. Nein, du darfst ihn nicht nur genießen, sondern du solltest ihn sogar genießen! Ganz bewusst. Klopf dir auf die Schulter und sei stolz auf dich!

Unser Tipp: Verankere deine Erfolge mit einem Ritual, das dich immer wieder an sie erinnert. Das könnte zum Beispiel etwas sein, das deiner Freude bildlich Ausdruck verleiht. Wir haben uns bei einer Flasche Jack Daniels kennen und lieben gelernt. Wie die Werbeleute der Fernsehserie »Mad Men« haben wir deshalb überall – zu Hause *und* im Büro – eine Flasche Jack Daniels stehen, die uns an all unsere Erfolge und schönen Momente erinnert. Die Flasche im Büro genehmigen wir uns allerdings erst, wenn wir das 50 000ste Anti-Burnout-Buch verkauft haben. Also, wenn es dir gefällt, empfiehl es bitte all deinen Freunden und Bekannten weiter, damit die Flasche sich leert.

- Was empfindest du, wenn du erfolgreich bist?
- Welche Gefühle steigen dann in dir hoch?
- Spürst du auch dieses Kribbeln im Bauch? Oder fühlt es sich an, als wärst du ein Ballon, der gleich abhebt?

Spür einfach in dich hinein und such dir ein Bild oder einen Gegenstand, den du mit deinem Erfolg verbinden kannst und der dich, so oft es geht, daran erinnert. Du wirst sehen, das wird dich zugleich dazu motivieren, dir neue Ziele zu stecken und Probleme gar nicht erst entstehen zu lassen. Viel Glück und Erfolg!

7. BONUS-DENKZEUGE MIT TIPPS UND RATSCHLÄGEN

»Lieber reich und gesund, als arm und krank!«

Dieses selbstbewusste und erstrebenswerte Lebensmotto muss keine unerreichbare Fata Morgana bleiben. Laut einschlägigen Studien[16] haben Reiche eine höhere Lebenserwartung als Arme, aber verblüffender Weise nicht etwa, weil sie Zugang zu einer besseren medizinischen Versorgung haben. Eine groß angelegte Untersuchung unter verschiedenen Hierarchiestufen von Beamten in Großbritannien kam zu dem Schluss, dass die jeweils Vorgesetzten statistisch gesehen länger lebten als die ihnen Untergebenen. Ihre Erklärung: Die Wahrscheinlichkeit, an Herz-Kreislauf-Störungen zu erkranken, wird durch Arbeitsorganisation, soziale Isolation und das Gefühl, die Kontrolle über sein eigenes Leben zu haben oder eben nicht, beeinflusst. Auch Stress spielt dabei eine ganz entscheidende Rolle. Andere Studien behaupten dagegen, dass Reiche einfach länger leben, weil sie mit ihrer Gesundheit sorgsamer umgehen.

Aber ganz egal, wer jetzt recht hat: Reich und gesund zu sein erzeugt sicherlich weniger Stress, als arm und krank zu sein.

Aus diesem Grund haben wir zu diesen beiden Themen jeweils ein Bonus-Denkzeug entwickelt. Damit kannst du einerseits deine Gesundheit im Auge behalten und andererseits ein solides Finanzpolster aufbauen.

---

[16] Seligman, Dan, Why the Rich Live Longer, Forbes Magazine, USA, 2005.

DENKZEUG #13:
DIE GESUNDHEIT STABILISIEREN UND BEWAHREN

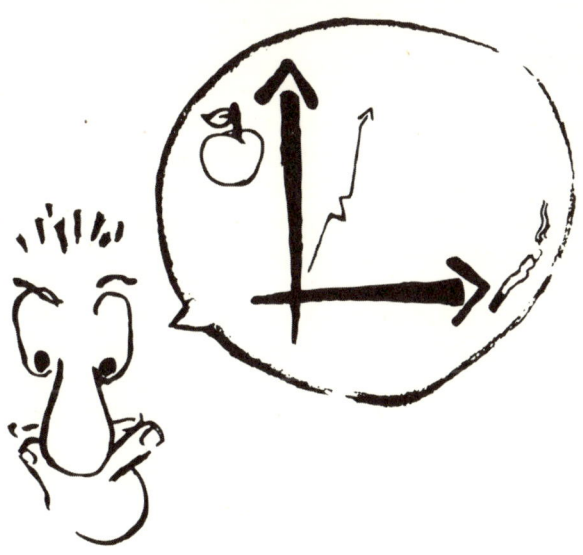

WORUM GEHT'S?

Unsere Gesundheit hat im Hinblick auf das Thema Stress eine Doppel-
bedeutung. Es kann uns stressen, wenn unser Körper nicht mehr so
mitspielt, wie wir uns das wünschen. Wir können aber mit Stress auch
unserer Gesundheit schaden. Daher gehen wir dieses Thema von beiden Seiten an. Zum einen betrachten wir, wie man verhindern kann,
dass Stress die Gesundheit gefährdet, und zum anderen, wie unsere
Gesundheit nicht zum Stressfaktor wird.

ZIEL DES DENKZEUGS

Deinen Körper besser kennenzulernen und herauszufinden, wie du in
optimaler Weise für deine Gesundheit sorgst. Zu erkennen, wie wichtig es ist, für deine Gesundheit Verantwortung zu übernehmen. Zu lernen, wie du deine Gesundheit bewahren, stärken oder auch konsequent wiederherstellen und zu Wohlbefinden gelangen kannst.

GESUNDHEIT – ERKLÄRUNG UND HINTERGRÜNDE

Die Gesundheit ist ein ganz großes Thema, wenn nicht sogar *das* zentrale Thema in unserem Leben, gerade im Zusammenhang mit Stress. Denn spielt unsere Gesundheit nicht mehr mit, wird alles andere unwichtig. Deshalb möchten wir diesem Thema Raum geben.

Wusstest du, dass dein Körper bereits 70 Prozent seiner Reserven aufgebraucht haben kann, bevor er dich mit physischen Beschwerden konfrontiert? Es machen sich also erst Symptome bemerkbar, wenn nur noch 30 Prozent des gesamten Potenzials vorhanden ist. Erschöpfungszustände stellen daher ein deutliches Warnzeichen dar. Der Körper schlägt Alarm und muss nun mit den verbleibenden 30 Prozent Energie wieder 100 Prozent erreichen. Wie soll das funktionieren – vor allem wenn wir uns immer weiter in unserem Hamsterrad drehen und unsere Gesundheit nicht ernst nehmen? Die ersten Folgen:

- Müdigkeit

- Konzentrationsmangel

- Schwindelanfälle

- Schlaflosigkeit

- Infektanfälligkeit

- Verdauungsprobleme

- Hoher Blutdruck

- Herz-Kreislauf-Probleme

- Gewichtsschwankungen

- Tinnitus, Hörsturz

- Chronische Leiden (Kopf-, Rücken-, Gelenkschmerzen)

- Allergien

Wenn du bereits öfter beim Arzt warst und er keine eindeutige Diagnose stellen konnte und ratlos ist, solltest du in dich gehen und dich fragen, wie du weitermachen willst. Die Ursache deiner Beschwerden liegt vielleicht in zu hoher Belastung und psychischem Druck, die sich über deinen Körper bemerkbar machen. Dafür sorgt eine innere Verkettung zwischen Gehirn, Nerven und Hormonen. Dies lässt sich sehr schön in dem Buch *Fit Forever* von Dr. Michael Spitzbart nachlesen.

Die Natur hat deinem Körper bestimmte Funktions-, Entwicklungs- und Alterungsgesetze mitgegeben. Mit deinem Verhalten steuerst du sein Potenzial in Bezug auf Widerstandskraft, Langlebigkeit, sprühende Energie und Schönheit, aber auch in Bezug auf Energiemangel, Müdigkeit und Krankheit. Die gute Nachricht ist, dass du deinen Alterungsprozess und dein Energieniveau ganz entscheidend beeinflussen kannst. Bei einer durchschnittlichen Lebenserwartung von 83 Jahren hast du prinzipiell zwei Möglichkeiten, alt zu werden:

1. Du tust permanent etwas für deine Gesundheit (wenn auch in kleinen Schritten) und achtest auf deinen Körper. Dann hast du auch im hohen Lebensalter noch Energie und Freude an ihm.

2. Du vernachlässigst deinen Körper (lebst und ernährst dich ungesund, treibst keinen Sport, stresst dich immer weiter) und hörst nicht auf die ersten Warnzeichen. Dann hast du schon etwa ab der Lebensmitte (bis dahin könnten die 70 Prozent Potenzial reichen) immer wieder mit gesundheitlichen Problemen zu kämpfen.

Die nachfolgende Grafik verdeutlicht das ganz gut. Die ersten 30 oder 40 Jahre hält sich der Körper mit seinen Reserven überdurchschnittlich gut, sogar wenn man relativ wenig auf seine Gesundheit achtet und raucht, ungesund oder übermäßig isst, viel Alkohol trinkt usw. Dauerhafter Stress, und dazu zählt auch extremer Leistungssport, wirkt sich übrigens genauso auf den Körper aus wie übermäßiger Alkohol- oder Drogenkonsum. Leider macht man sich in jungen und gesunden Jahren erfahrungsgemäß wenige Gedanken darüber.

Das oberste Ziel lautet also, durch Stressbewältigung einerseits und aktives Gesundheitsmanagement andererseits die »Gesundheitskurve« so lange wie möglich oben zu halten und sozusagen gesund zu altern. Je mehr du durch eine positive Lebensweise auf deine Gesundheit achtest und dich aktiv für deinen Körper einsetzt, desto weniger wirst du krank sein. Je weniger du krank bist, desto weniger stresst dich deine Gesundheit.

Du solltest also in deine Gesundheit investieren, zum Beispiel in Form von Sport und gesunder Ernährung, um später nicht für deine Krankheiten teuer zu bezahlen zu müssen, zum Beispiel in Form von Medikamenten, Operationen etc.

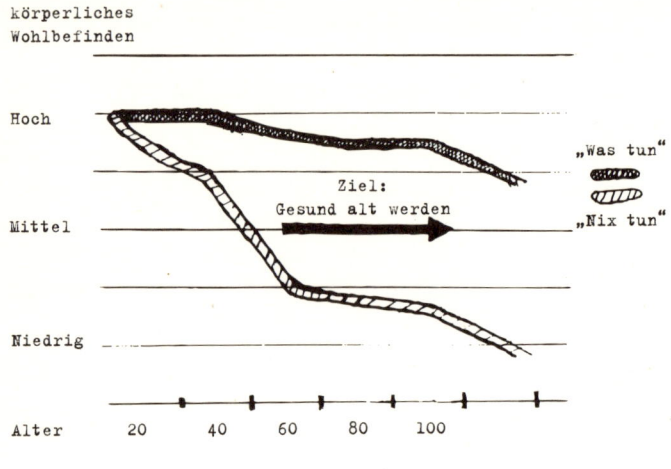

Bleiben Sie fit bis ins hohe Alter!

BESTANDSAUFNAHME GESUNDHEIT

Ich fühle mich im Moment gesund: ☐ ja ☐ nein

Denke kurz darüber nach, wie fit du dich in diesem Augenblick auf einer Skala von 1 bis 10 fühlst:

1 ❬ • ❭ 10

(ich fühle mich sterbenskrank)   (topfit, ich könnte Bäume ausreißen)

Stell dir vor, die folgende Skala wäre ein Maßband, das dein Leben in Jahrzehnten darstellt. Streiche durch, was bereits hinter dir liegt. Dann überleg dir, wie alt du werden willst, und streiche eventuell die Jahrzehnte, die du nicht zu erreichen glaubst, ebenfalls durch.

| 10 | 20 | 30 | 40 | 50 | 60 | 70 | 80 | 90 | 100 |

Jahre

Das ist die Zeit, die du jetzt zur Verfügung hast. Welche Fehler hast du in gesundheitlicher Hinsicht in der Vergangenheit gemacht? Kreuz an, was für dich zutrifft:

- ☐ Zu viel Stress

- ☐ Zu wenig Ruhe- und Erholungszeiten

- ☐ Zu wenig Bewegung

- ☐ Ungesunde Ernährung

- ☐ Zu viel Alkohol oder Zigaretten

- ☐ Du hast die ersten Warnsignale deines Körpers ignoriert

- ☐ Es war etwas anderes, nämlich:

_____

Schätze jetzt ein, wie lange dein Körper mit deinem jetzigen Stresszustand leben kann und durchhält

_____ Jahre

Mein Gesundheitsstatus im Detail heute (Datum) _____

Ich esse mindestens 3 bis 5 Einheiten Obst/Gemüse pro Tag:

☐ ja ☐ nein

Ich treibe mindestens dreimal die Woche gesunden (= im richtigen Pulsbereich) Sport, und das 20 bis 30 Minuten lang:

☐ ja ☐ nein

Ich schlafe jeden Tag 7 bis 8 Stunden:

☐ ja ☐ nein

Meine Cholesterin- und Blutwerte sind:

☐ gut ☐ nicht gut

Mein Blutdruck ist:

☐ normal ☐ zu hoch

Meine letzte Vorsorgeuntersuchung war am: _____

Ich bin mit meinem Liebesleben zufrieden:

☐ ja ☐ nein

Ich rauche oder bin von Alkohol/Medikamenten/Drogen abhängig:

☐ ja ☐ nein

Ich fühle mich oft traurig und deprimiert:

☐ ja ☐ nein

Ich bin in den folgenden Bereichen erblich vorbelastet (z. B. Krebs, Herzinfarkt, Diabetes): _____

_____

Ich wiege _____ kg. Ich bin mit meinem Gewicht zufrieden

☐ ja ☐ nein

Was werde ich ab sofort unternehmen, um mich gesund zu erhalten?

_____

Olivers Spezial-Burnout-Gesundheitstipp: Sofort anfangen, Sport zu machen, auch wenn es schwerfällt

Als ich 2001 nach zwölf Jahren Arbeit im Großunternehmen arbeitslos wurde, hatte ich Bandscheibenprobleme, 20 Kilo zu viel auf den Rippen und konnte nicht länger als fünf Minuten am Stück joggen. Aufgrund mangelnder Bewegung und fehlender Glückshormone drohte mir der Frustrationsburnout.

Am liebsten hätte ich den Kopf in den Sand gesteckt und mich von morgens bis abends mit Süßigkeiten getröstet. Aber ich lebte damals noch in Amerika — dem Land, in dem im Laufe der letzten Jahre die Stühle um 30 Prozent verbreitert werden mussten, weil der Durchschnittsamerikaner sonst nicht mehr draufpasst.

Das sollte nicht mein Schicksal werden. Also raffte ich mich auf und begann mit einem leichten Sportprogramm, das ich Stück für Stück steigerte. Mich aufzuraffen war das Schwierigste dabei. Ich überlistete mich, indem ich mir gleich morgens meine Trainingskleidung anzog, weil mich das bereits gedanklich in eine sportliche Erwartungshaltung versetzte. Du kannst dir nicht vorstellen, wie sehr ich die ersten zehn Minuten der Anstrengung hasste ... Auch heute kämpfe ich noch manchmal damit. Dafür genieße ich anschließend umso mehr das gute Gefühl, etwas für mich getan zu haben.

Nur drei Jahre später waren all meine Beschwerden verschwunden, ich war wieder erfolgreich im Beruf, hatte mein Idealgewicht erreicht und jogge bis heute ohne Probleme fünf bis zehn Kilometer am Stück. Ich trage taillierte Hemden und passe in meinen 25 Jahre alten Anzug. Laufen ist für mich zudem ein gutes Werkzeug, um Denk- und Arbeitsblockaden loszuwerden und wieder Energie zu tanken.

Inzwischen konnte ich auch Michaela zum Joggen überreden, obwohl sie zunächst gar keinen Spaß daran hatte. Wir haben uns Pulsuhren geleistet, die uns jeweils ein individuelles Laufprogramm erstellen und uns am Ende der Woche mit drei Sternchen und Pokal belohnen, wenn wir unser Pensum geschafft haben. Das motivierte Michaela so, dass sie mittlerweile fleißiger ist als ich. Aber mit meinem stark ausgeprägten inneren Motiv »Wettbewerb« lasse ich das natürlich nicht auf mir sitzen!

GESUNDHEITSTIPPS, DIE SICH FÜR UNS BEWÄHRT HABEN

Strategien, um die Gesundheit zu erhalten, gibt es ebenso viele wie Ratgeber zu diesem Thema. Daher stellen wir hier auch nur die vor, die uns geholfen haben.

- Die Verantwortung für die eigene Gesundheit selbst übernehmen und nicht auf die Ärzte abschieben.

- Erste körperliche Signale beachten und nicht gleich betäuben, sondern erst mal Ursachen erforschen und beseitigen.

- Sich gesund ernähren. Dazu gibt es viele Ratgeber mit unterschiedlichen Ansätzen, wie man seinen eigenen Weg finden kann. Aber entscheidend ist, das Bewusstsein dafür zu schärfen und nicht blind alles nur in sich reinzustopfen, was schmeckt.

- Beim Einkauf auf die Inhaltsstoffe der Nahrungsmittel achten und Produkte mit künstlich hergestellten Inhaltstoffen vermeiden.

- Sich regelmäßig bewegen und Sport treiben. Maßvolle Bewegung steigert physisch und psychisch das Wohlbefinden und die Fitness. Bitte Spezialisten für das richtige Maß befragen.

- Öfters mal auf die Waage steigen und das Gewicht im Auge behalten.

- Für ausreichend Schlaf sorgen. Nur wenn man sich ausgeschlafen fühlt, kann man Leistung bringen. Experten empfehlen 6 bis 8 Stunden pro Nacht.

- Vorsorgeuntersuchungen wahrnehmen. Krankenkassen haben eine Liste, was alles dazu gehört.

- Genügend Liebe, Sex und Sonne. Das produziert Glückshormone.

- Auf Zigaretten und Drogen verzichten. Auch wenn du rauchst und jemanden kennst, der als Raucher 80 Jahre alt wurde – vielleicht wäre er ohne Zigaretten 100 Jahre alt geworden.

- Sich Zeit für sich gönnen.

- Auch mal Nein sagen, wenn's zu viel wird.

- Sich und anderen Grenzen setzen.

- Die eigenen Wünsche und Bedürfnisse äußern.

- Um Hilfe bitten.

- Auf seine inneren Motive hören.

DENKZEUG #14:
FINANZEN - EIN SICHERES
FINANZPOLSTER AUFBAUEN

WORUM GEHT'S?

Geld spielt eine wichtige Rolle in unserem Leben und es beeinflusst viele unserer Entscheidungen und Aktivitäten. Es kann uns beruhigen oder aber auch stressen, egal ob man arm oder reich ist.

ZIEL DES DENKZEUGS

Einen Überblick und Klarheit über deine Finanzen zu bekommen. Wege zu finden, ein finanzielles Polster aufzubauen, damit dich das Thema Geld nicht mehr stresst.

FINANZEN – ERKLÄRUNG UND HINTERGRÜNDE

Wir vertreten generell den Standpunkt, dass es besser ist, Geld zu haben, denn es verschafft uns Freiheiten:

- Wir haben die Freiheit, ob wir arbeiten wollen oder nicht.
- Wir sind frei, zu bestimmen, wo wir leben möchten.
- Wir können frei entscheiden, mit wem wir zusammen sein möchten.

Aber auch wenn man bereits Geld angehäuft hat, kann es stressen, weil man zum Beispiel

- den gewonnenen Lebensstandard nicht wieder aufgeben will, dadurch aber täglich einem hohen Druck ausgesetzt ist, das Einkommen auf diesem hohen Niveau zu halten;
- mit den anderen weiterhin mithalten oder sie gar übertrumpfen will;
- das traditionsschwere Level der Familie mithalten muss.

Deine monetäre Sicherheit könnte nun eventuell bedroht sein, weil du zum Beispiel

- plötzlich deinen Job verloren hast;
- wegen einer Scheidung oder Trennung viel Geld verloren hast;
- dich zu hoch verschuldet hast;
- Geld verliehen hast und es nicht wieder zurückbekommst;
- Aktien, Fonds oder andere spekulative Investitionen getätigt hast, die plötzlich wertlos sind;
- unvorhergesehene finanzielle Ausgaben tätigen musst;
- für die außergewöhnlich hohen medizinischen Kosten, die ein erkranktes Familienmitglied verursacht hat, aufkommen musst (z. B. Pflege der Eltern).

Insbesondere nach einem Jobverlust tritt das Thema finanzielle Sicherheit schmerzhaft in den Vordergrund. Aber egal, welcher Grund es ist, es setzt einen immer unter Druck und es gilt, sofort Kosten zu senken und auf unwichtige Dinge zu verzichten.

Als Erstes solltest du dann darüber nachdenken, wie du in diese diffizile Lage gekommen bist und was du selbst dazu beigetragen hast. Auch wenn es einen konkreten Auslöser für einen plötzlichen Engpass gibt, muss von deiner Seite bereits vorher etwas schiefgelaufen sein, wenn das Geld gleich so knapp wird.

Hast du eventuell:

- unvorhergesehene Ereignisse nicht richtig abgesichert?

- zu wenig finanzielle Rücklagen gebildet?

- die falschen Berater?

- zu hohe Kredittilgungsverpflichtungen?

- deine Lebensführung nicht auf deine finanziellen Möglichkeiten abgestimmt?

- zu große Risikobereitschaft?

Oder ist dein sehr ausgeprägtes inneres Motiv »Finanzielle Sicherheit« für deinen Dauerstress zuständig? Vielleicht gibt es aber auch einen ganz anderen Grund, der dich bisher davon abhielt, ausreichend Geld zu verdienen und Rücklagen zu bilden? Möglicherweise hast du ja eine besondere Einstellung zum Thema Geld. Vielleicht denkst du,

- dass du es nicht verdienst, viel Geld zu besitzen (ein Problem mangelnden Selbstwertgefühls);

- dass du immer Pech hast und es dir einfach nicht vergönnt ist (ausgeprägter Pessimismus oder Schuldzuweisung);

- dass dir jemand alles wegnehmen könnte.

Vielleicht willst du dich auch dein ganzes Leben lang zurückhalten und sparen, um erst in der Rente anzufangen, »richtig zu leben«? Aber Achtung: Mit dieser Einstellung könnte das richtige Leben inzwischen an dir vorbeilaufen! Die amerikanische Tragikomödie »About Schmidt« mit Jack Nicholson veranschaulicht das ganz gut. Der Vizepräsident einer Versicherungsgesellschaft arbeitet 42 Jahre lang brav vor sich hin und spart jeden Cent, um sich im Alter mit seiner Frau den lebenslangen Wunsch zu erfüllen, im Wohnmobil durch die USA zu tingeln. Leider stirbt die Frau noch vor Anlieferung des Wohnmobils beim Staubsaugen und Schmidts Lebensabend verläuft vollkommen anders als geplant.

DEINE PERSÖNLICHE FINANZSTRATEGIE

Bei der folgenden Übung ziehst du zunächst eine Gesamtbilanz deiner augenblicklichen finanziellen Situation. Dazu ein paar Einstiegsfragen:

- Wie gut kenne ich meine finanzielle Situation?

- Auf wie viel Geld kann ich im Notfall kurzfristig zugreifen und auf wie viel langfristig?

- Kann ich nach einem Jobverlust Telefon und Miete weiter bezahlen und bin nicht gleich zahlungsunfähig?

- Kenne ich mich gut im Finanzbereich aus oder habe ich Weiterbildungsbedarf?
  (Zeitschriften wie *Finanztest*, *Capital* oder *Business Punk* machen dich dazu fast spielerisch mit komplexen Finanz- und Businessthemen vertraut.)

- Wie definiere ich »reich genug« für mich und meine Familie?

- Wie viel Geld/Vermögenswerte würde ich gerne ansparen und bis wann? (Ein magischer Traumbetrag für uns sind drei Millionen Euro inkl. Immobilien, weil man damit bei 4 Prozent Zinsen bequem auf 90 000 Euro Zinserträge pro Jahr kommt beziehungsweise bei Immobilienbesitz Miete spart oder Mieteinnahmen erzielen kann.)

Der erfolgreiche Finanzberater Markus Schulz aus Stuttgart schreibt dazu sehr passend: »Reich sein heißt nicht unbedingt, ein Millionenvermögen anzuhäufen. Vielmehr bist du reich, wenn du dir keine Sorgen machen musst. Reich bist du aber auch, wenn du ›finanziell unabhängig‹ bist. Finanziell unabhängig bist du, wenn du genügend Vermögen beiseitegelegt hast, um einfach mal eine Weile nicht arbeiten zu müssen, oder vielleicht irgendwann einmal gar nicht mehr musst und es nur noch aus Spaß an der Freude tust. Je früher dieser Zustand eintritt, umso besser.«[17] Um dies zu erreichen, solltest du zunächst deine Risiken absichern und versuchen, eine stabile Altersversorgung aufzubauen.

Fülle jetzt bitte die folgende Box aus, um dich in finanzieller Hinsicht selbst einzuschätzen:

Wie schätze ich mich finanziell ein?

(Bitte ankreuzen)

☐ Ich komme in Sachen Geld monatlich gut über die Runden.

☐ All meine finanziellen Risiken sind abgesichert.

☐ Ich baue regelmäßig Vermögen auf.

☐ Ich bilde mich im Finanzbereich weiter und lerne dazu (z. B. Wirtschaftspresse).

☐ Ich weiß jederzeit, wie es tatsächlich um meine Finanzen steht.

Markus Schulz hat dazu noch ein tiefer gehendes strategisches Bausteinkonzept zu diesem Thema entwickelt, das sich mit unserer Finanzphilosophie deckt und aus drei Hauptbestandteilen besteht, die nacheinander bearbeitet werden: erst der Cashflow, dann die Sicherheit, dann das Vermögen. Gerne stellen wir es dir hier vor. Vielleicht stellst du dabei fest, dass du gut abgesichert bist und dir keine Sorgen machen musst. Dann ist es gut gewesen, um dein Bewusstsein zu schärfen und damit etwas Stress aus deinem Leben zu nehmen. Vielleicht erkennst du aber auch, wo du noch etwas tun musst:

1. Cashflow gewährleisten

Die Grundidee: Gib nicht mehr aus, als du hast, und mach keine neuen Schulden. Schulden sind generell eine große Belastung und können Stress in höchstem Maße verursachen.

Frag dich zunächst einmal: »Habe oder verdiene ich genügend Geld, um monatlich über die Runden zu kommen?« Die folgende Tabelle hilft dir dabei, einen Überblick zu bekommen.

---

[17] Markus Schulz, *Sicherheit & Vermögen endlich richtig planen*, Stuttgart, Version 2012; siehe auch: www.Markusschulz.de

Bestandsaufnahme Cashflow

Wie viel Geld habe ich jeden Monat zur Verfügung?

Monatliches Nettoeinkommen

Persönlich/Familie € _____ Sparpotenzial

Abzüglich

☐ Miete € _____ € _____

☐ Strom/Gas/Wasser/
Müll € _____ € _____

☐ Lebensmittel/
Getränke € _____ € _____

☐ Versicherungen € _____ € _____

☐ Medienkonsum € _____ € _____

☐ Freizeit € _____ € _____

☐ Internet/Telefon € _____ € _____

☐ Arztkosten € _____ € _____

☐ Energiekosten € _____ € _____

☐ Auto/Transport € _____ € _____

☐ Bekleidung € _____ € _____

☐ Kredite/Kreditkarten € _____ € _____

☐ Sonstiges € _____ € _____

Am Monatsende bleiben mir übrig/habe ich Schulden von:

€ _____

Bleibt am Monatsende nichts übrig, sollte als Erstes der Cashflow sichergestellt werden. Bleibt Geld übrig, sollten als Nächstes alle Risiken abgedeckt werden.

2. Für Sicherheit sorgen

»Bevor man einen Berg von Goldmünzen auf dem Tisch anhäuft,
sollte man die Beine festschrauben!«

Diese alte Weisheit verdeutlicht sehr schön eines der Grundprinzipien einer richtigen Strategie zum Vermögensaufbau. Es ist eben nicht sinnvoll, darauf hinzuarbeiten, reich zu werden, wenn einen schon der kleinste Schicksalsschlag aus der Bahn werfen würde. Was nützt der beste Sparvorsatz, wenn du wegen eines Fehlers größeren Schadenersatz leisten musst oder krankheitsbedingt kein Einkommen mehr hast? An diesem Punkt besteht das Ziel darin, dringende Maßnahmen zur Risikoabdeckung zu treffen. Dazu gehören unter anderem

- die Abdeckung der persönlichen Haftung durch eine private Haftpflichtversicherung;
- eine günstige Risikolebensversicherung, die deine Hinterbliebenen versorgt für den Fall, dass dir etwas zustoßen sollte;
- eine gesetzliche oder private Krankenversicherung;
- Zusatzversicherungen (z. B. Pflege, Zahnzusatzversicherung);
- eine Berufsunfähigkeitsversicherung (oder hilfsweise eine private Unfallversicherung).

Bestandsaufnahme Sicherheit

Ich verfüge über die folgenden Versicherungen und Unterlagen, um die größten Risiken abzusichern:

(Bitte ankreuzen)

☐ Risikolebensversicherung

☐ Haftpflichtversicherung

☐ (Risiko-)Berufsunfähigkeitsversicherung/hilfsweise Unfallversicherung

☐ Private oder gesetzliche Kranken-/Zusatzversicherungen

☐ Private Rentenversicherung

☐ Von mir verfasstes und hinterlegtes Testament

3. Vermögen: Vorschläge zum Vermögensaufbau

Es gibt viele Varianten, wie du ein Vermögen aufbauen und erhalten kannst. Wichtige Entscheidungskriterien dabei bilden zum einen dein Sicherheitsbedürfnis und zum anderen die Zeit, die dir zum Vermögensaufbau zur Verfügung steht. Wer in jungen Jahren Vermögen aufbaut, kann dank Zins- und Zinseszinsrechnung durch regelmäßige Einzahlungen kleinerer Beträge mit verhältnismäßig geringem Einsatz mehr sparen als ältere Menschen. Ein jüngerer Mensch kann auch risikofreudiger investieren, da er länger Zeit hat, eventuelle Verluste langfristig wieder auszugleichen. Wer mit Sicherheit reich werden möchte, muss

- viel sparen (logisch!),

- lange sparen (Zinseszins),

- vermeiden, zwischendurch große Mengen Geld für unwichtige Dinge zu verprassen,

- einen hohen Zinssatz anstreben,

- Steuervorteile nutzen,

- existenzgefährdende Risiken vermeiden.

Bestandsaufnahme Vermögen

Ich lege regelmäßig Geld für einkommensfreie Zeiten beiseite:

(Bitte ankreuzen)

☐ Ich habe ein Notfallpolster aufgebaut, das mich mindestens _____ Monate ohne zusätzliches Einkommen über Wasser hält (wir empfehlen sechs bis neun Monate.)

☐ Ich habe ein monatliches Sparziel festgelegt.

☐ Ich habe eine Spar- und Investmentstrategie entwickelt/entwickeln lassen.

☐ Ich habe meine Steuern optimiert.

☐ Ich habe genau abgewägt, ob ich mein Geld lieber in mich selbst/ meine eigene Ausbildung/meine eigene Firma investiere oder es in einem Fonds anlege, dessen Erfolg ich weniger beeinflussen kann als andere Maßnahmen.

Gerade im finanziellen Bereich kannst du deine Erfolge sehr gut messen und deinen finanziellen Stress minimieren. Beispielsweise anhand

- des Sparvermögens,

- der regelmäßigen Zinsauszahlungen,

- des Gehaltszettels mit dem sichtbar höheren Einkommen,

- eines großen Auftrags (wenn du selbständig bist).

Das Gefühl, finanziell etwas wirklich Großartiges geleistet zu haben, etwa die letzte Rate deiner Eigentumswohnung oder deines Hauses zu leisten oder einem nervigen Job leichten Herzens »Ade!« zu sagen, ist unserer Meinung nach unbezahlbar und sorgt für viel innere Ruhe. Hab Geduld und bleibe dran! Finanziell unabhängig wird man nicht über Nacht. Es ist eine große Herausforderung, nicht wieder in alte Verhaltensmuster zurückzufallen und das Geld, das man angespart hat, nicht gleich wieder auszugeben – besonders dann, wenn du zuvor ein eifriger Konsument warst. Vielleicht kommt es auch ab und zu noch zu kleineren Rückschlägen, aber dann heißt es: Ruhig bleiben und kleine Dellen im Investmentportfolio geduldig ausgleichen! Um deine Veränderungen im Sparvermögen regelmäßig zu überprüfen und zu überwachen, empfehlen wir, eine handliche Software für das Handy, den iPad oder den Computer zu nutzen. Hausbanken stellen so etwas oft kostenlos zur Verfügung.

Finanztipps, die sich für uns bewährt haben

Nachfolgend ein paar ganz simple Vorgehensweisen und Prinzipien, die sich für uns persönlich bewährt haben:

- Ausgaben runter! Nur noch bar bezahlen, dann bekommt man ein besseres Gespür für die Kosten. Unnötige Verträge kündigen und Ausgaben aufschreiben, denn nur wer den Überblick hat, kann Ausgaben bewusst steuern.

- Einnahmen rauf! Gehalt verhandeln und Zusatzeinnahmequellen prüfen (zum Beispiel Mitfahrgelegenheit anbieten, gemeinsam mit den Nachbarn Heizöl einkaufen).

- Geräte, deren Anschaffung teuer ist und die man nur selten benutzt, leihen oder mieten.

- Bei größeren Anschaffungen unterscheiden, ob sie im Lauf der Zeit an Wert verlieren oder gewinnen. Ein Neuwagen verliert beispielsweise im ersten Jahr nach Kauf schon 30 Prozent seines Wertes, eine Immobilie aber gewinnt in der Regel an Wert und man erhält zusätzlich Geld durch Mieteinnahmen.

- Eine Eigentumswohnung abbezahlen statt das Geld in Aktien oder Fonds anlegen, die sich beim nächsten Crash wieder in Luft auflösen können. Denn: Ein Dach über dem Kopf braucht jeder Mensch, schließlich kann man in einem Aktienfonds nicht wohnen. Vorsicht: Die meisten Finanzberater erzählen genau das Gegenteil, da rein rechnerisch die Anlage in einen Aktienfonds immer mehr Zinsen bringt. Bei dem Auf und Ab an den Börsen stellt sich diese Annahme leider erfahrungsgemäß allzu oft als Milchmädchenrechnung heraus.

- Mithilfe eines guten Beraters oder Finanzratgebers berechnen, wie viel man für die Altersvorsorgeziele bereits heute anlegen muss, um die staatliche Rente aufzubessern.

- Steuerliche Vorteile nutzen – gegebenenfalls mit einem Experten vorab besprechen.

- Und schließlich: Geld nie in eine Anlage investieren, die man nicht versteht! Dies hat sich insbesondere in der Finanzkrise von 2009 als wahr erwiesen, als Millionen Menschen und sogar Banken auf die Nase fielen, weil sie in undurchschaubare Derivate investiert hatten.

Wir mussten schmunzeln, als wir bei unseren Recherchen über diesen tollen Cartoon stolperten. Sofort war uns klar, dass es mit ins Buch muss. Fast hätte er sich sogar bewahrheitet, denn die letzten vier Wochen im Arbeitsprozess an diesem Buch verschmolzen wir nicht nur mit Schreibtisch und Tastatur, sondern brachten parallel dazu auch noch die »KraftBoxx für weniger Stress und mehr Energie« an den Start. Zwar flammten kurz Erinnerungen an stressige Zeiten auf, aber wir spürten am eigenen Leib, welch großen Unterschied es macht, ob man selbstgesteuert oder fremdgesteuert arbeitet und was man alles leisten kann, wenn man für sein Thema und seine Vision brennt.

Unsere Vision ist es, Menschen zu helfen, mindestens eine Million Probleme zu lösen und das Leben ein Stückchen lebenswerter zu machen! In diesem Buch steckt unser Herzblut und wir werden die Arbeit daran nie vergessen. Auf der einen Seite kam es uns während der Arbeit vor, als ob wir stillstünden und die Welt sich immer schneller um uns drehte, und gleichzeitig waren wir Teil des Mahlstroms, der sich immer weiter selbst beschleunigte. Viel ist während dieser letzten zwölf Monate passiert. Wir mussten von geliebten Menschen Abschied nehmen, hatten mit familiären Verpflichtungen und der Auflösung von langjährigen Bindungen zu kämpfen, während wir uns den Herausforderungen, die an Unternehmer gestellt werden, nicht entziehen konnten: Arbeitsplätze zu sichern, ein bestehendes Unternehmen zu leiten, ein neues aufzubauen und uns selbst in dem ganz alltäglichen Wahnsinn nicht zu verlieren.

Jetzt fühlen wir uns erleichtert, dass wir nach diesen Zeilen das Buchprojekt zumindest bis zu den Promotion-Verpflichtungen im Frühjahr fürs Erste abschließen können. Es handelte sich also nur um einen überschaubaren Zeitraum, in dem wir unter solchem Druck standen, und trotz des Drucks hat uns die Arbeit sehr viel Freude bereitet. Solche Phasen kann man überstehen. Sie geben einem oft sogar Kraft, denn meistens hat man gemeinsam etwas Großartiges geleistet. Und wenn man sich anschließend die Zeit nimmt, um das zu reflektieren und den Erfolg zu genießen, macht das auch mächtig stolz. Dennoch müssen wir aufpassen, dass solche Phasen nicht zum Dauerzustand werden, um nie die Freude daran zu verlieren.

Bedanken möchten wir uns jetzt noch bei den vielen Menschen und guten Freunden, die uns mit unzähligen Ratschlägen und Informationen zur Seite standen, uns in dieser Zeit unterstützten und Verständnis dafür hatten, dass wir tagelang komplett untergetaucht waren. Dazu gehören:

Unsere Kinder Marina, Chiara, Mike, Felix und Maxi. Alle miteinander, weil sie geduldig auf uns verzichtet haben. Die Jungs, die durch sämtliche Übungen mussten und uns ihre Freunde in Dublin und Oberbayern als Testpersonen zur Verfügung stellten, und unsere beiden Mädchen, die uns immer wieder Mut zusprachen, damit wir durchhielten, und uns mit ihrer Kreativität erstaunten und motivierten.

Unsere Eltern, Fini und Eckart, Heinz und Margit, die uns mit ihrer Erfahrung, konstruktiven Kritik und mit ständigem Daumendrücken stärkten:

- Gerhard, Marion und Christian, die kritische Tester waren und uns den Rücken frei hielten.

- Fabian Schmidt, der unserem Buch durch seine Zeichnungen »Farbe« verlieh.

- Kathrin Stachora, die im ersten Durchlauf hochflexibel, präzise und zuverlässig bis auf die letzte Minute unsere Fehler korrigierte.

- Unsere Mitarbeiter, die in dieser Zeit auch ohne ihre Chefs eine wunderbare Arbeit geleistet haben.

- Und alle, die an uns glauben, dieses Buch kaufen und weiterempfehlen.

Unser Herzenswunsch ist es, dass wir dir, lieber Leser, mit unserem Buch und den Anregungen darin zu der gleichen Zufriedenheit verhelfen können, die wir in diesem Moment in uns spüren.

Michaela & Oliver
Amerang

Weiterführende Literatur

Bittman, Michael, und Mahmud Rice, James, *The rush hour: The character of leisure time and gender equity*, Social Forces 79, 2000

Damasio, Antonio R., *Descartes' Irrtum: Fühlen, Denken und das menschliche Gehirn*, List Taschenbuch, 2004

Dennis, Felix, *How to get Rich: One of the World´s greatest Entrepreneuers Shares His Secrets*, eBury Press, 2007

Evans, William, und Rosenberg, Irwin H., *Biomarkers: The 10 Determinants of Aging You Can Control*, Simon & Schuster, 1991

Ferrazzi, Keith, und Raz, Tahl, *Geh nie alleine essen! und andere Geheimnisse rund um Networking und Erfolg*, Börsenmedien, 2007

Frankl, Viktor E., *... trotzdem Ja zum Leben sagen: Ein Psychologe erlebt das Konzentrationslager*, Kösel-Verlag, 2009

Fritsch, Oliver, *Alles Anders: 15 Fragen, die Ihr Leben verändern*, mvg Verlag, 2005

Harris, Thomas, *Ich bin o.k. – Du bist o.k.: Wie wir uns selbst besser verstehen und unsere Einstellung zu anderen verändern können. Eine Einführung in die Transaktionsanalyse*, rororo, 1975

Hesse, Hermann, Demian, *GW Bd. 5* , Suhrkamp Verlag, 1987

Hüther, Gerald, *Bedienungsanleitung für ein menschliches Gehirn*, Vandenhoeck & Ruprecht, 2010

Lang, Michaela, Fritsch, Oliver, *KraftBoxx-Minibuch Leitfaden & Hintergründe*, Chiemsee Denkzeuge, Amerang, 2012

Nelting, Manfred, *Burnout*, Mosaik, 2010

Prior, Manfred, *MiniMax-Interventionen*, Carl-Auer Verlag, 2009

Riemann, Fritz, *Grundformen der Angst: Eine tiefenpsychologische Studie*, Reinhardt Verlag, 2009

Roth, Gerhard, *Persönlichkeit, Entscheidung und Verhalten: Warum es so schwierig ist, sich und andere zu ändern*, Klett-Cotta, 2011

Selby, John, *Was mich stark macht: Mehr Lebensqualität durch Mind Management*, Deutscher Taschenbuch Verlag, 2003

Seligman, Martin E. P., *Erlernte Hilflosigkeit*, Urban und Schwarzenberg, 1979

Spitzbart, Michael, *Fit Forever — 3 Säulen für Ihre Leistungsfähigkeit. Bewegung, Ernährung*, Denken, WESSP Verlag, 2000

Stahl, Stefanie, und Alt, Melanie, *So bin ich eben! Erkenne dich selbst und andere*, Ellert & Richter, 2011

Wir schreiben nicht nur Bücher und Artikel und bieten Workshops, Coachings und Seminare für Firmen und Einzelpersonen an, sondern entwickeln auch iPhone-Applikationen und greifbare (»haptische«) Produkte, wie beispielsweise die »KraftBoxx für weniger Stress und mehr Energie« (€ 39,90, ISBN 978-3-00-036147-0). Sie unterstützt dich dabei, dir deine aktuelle Situation quasi spielerisch bewusst zu machen, das Ausmaß der anstehenden Veränderungen zu bestimmen und anzugehen. Dazu bieten wir dir Themenkarten mit Umsetzungstipps und sanft gleitenden Magneten, an denen du wie an einem Mischpult den Sound deines Lebens neu mixen kannst.

Auf unseren Foren www.Alles-anders.com und www.KraftBoxx.com bringen wir dich mit anderen Menschen zusammen und helfen dir, dich mit Gleichgesinnten auszutauschen. Unsere 2011 gegründete Firma Chiemsee Denkzeuge® mit Sitz in Amerang/Chiemgau baut auf über 20 Jahre Erfahrung aus Unternehmensführung, Coaching und Erziehung auf.

Über die Autoren

Michaela Lang

Michaela Lang ist Gründerin und geschäftsführende Gesellschafterin der werbemax GmbH (gegr. 1991) und der Chiemsee Denkzeuge GmbH & Co. KG (gegr. 2011) in Amerang/Chiemgau. Zu ihren Kunden zählen u.a. die AOK, die bayerische Versicherungskammer und Wacker Chemie AG. Die auch als Autorin und Kolumnistin tätige Unternehmerin qualifizierte sich 2009 zum Life-Coach und zum Coach für berufliche Erfolgsstrategien, und erhielt das Zertifikat zum REISS Profile Master und die Lizenz zum LIFO®-Analyst. Sie lebt und arbeitet in Amerang und hilft Menschen und Unternehmen als Beraterin und Coach.

Oliver Fritsch

Oliver Fritsch studierte Europäische Betriebswirtschaft an der Hochschule Reutlingen und der Middlesex University in London und arbeitete über 20 Jahre in sieben verschiedenen Ländern. In den USA startete der Deutsch-Amerikaner die Marketingagentur Cendesic und zählt Firmen wie Hewlett Packard, Aventis, Nestle und zanox zu seinen Kunden. Als anerkannter Experte für Arbeits- und Karriereplanung gründete er 2001 das Berufungslabor VocationLab und arbeitet seitdem als Berater und Personal Coach für Führungskräfte und firmenkulturelle Umstellungen. 2005 erschien sein Buch *Alles anders: 15 Fragen, die Ihr Leben verändern* bei mvg. Mehr als 10 000 Menschen hat er damit geholfen, ihre Berufung zu finden. Heute lebt er in Amerang/Chiemgau.

Schreibe uns oder rufe uns an, wenn du mehr erfahren willst.

Kontakt:
Chiemsee Denkzeuge® GmbH & Co. KG
Technologiepark
Am Kroit 27
83123 Amerang, Deutschland
Telefon: 0049 08075/9140-700, info@denkzeuge.com
www.denkzeuge.com
www.anti-burnout-buch.de